CATALOGUE

D'UNE BELLE COLLECTION

DE

DESSINS ORIGINAUX ANCIENS,

D'ESTAMPES ANCIENNES ET MODERNES

ET DE LIVRES A FIGURES,

PROVENANT D'UN CABINET ÉTRANGER,

PAR PIERI-BÉNARD.

La vente aura lieu le 22 avril 1829, et jours suivans, à midi précis, hôtel Bullion, rue J.-J. Rousseau, n°. 3, salle n°. 3.

L'exposition générale des Estampes aura lieu le mardi 21 avril, de midi à quatre heures, et le dimanche 26, exposition des Dessins. Chaque jour de vente, on verra de 10 heures à midi, les articles de la vacation.

———

LE PRÉSENT CATALOGUE SE DISTRIBUE

Chez {

M°. BONNEFONS DE LAVIALLE, Commissaire-Priseur, rue Saint-Marc, n. 14;

M. PIERI-BÉNARD, marchand d'estampes de la Bibliothèque du Roi, boulevard des Italiens, n°. 11, qui se charge des commissions.

———

PARIS, MARS 1829.

ORDRE DES VACATIONS.

1re., *mercredi 22 avril.*	5e., *lundi 27.*

1re., *mercredi 22 avril.*
563, partie.
528 à 557
564 à 598
712 à la fin.

2e., *jeudi 23.*
563, partie.
485 à 527
660 à 711

3e., *vendredi 24.*
244 à 280
446 à 484
558 à 562
599 à 615

4e., *samedi 25.*
211 à 243
281 à 316
616 à 639
640 à 659

5e., *lundi 27.*
1 à 60
108 à 120
193 à 210

6e., *mardi 28.*
61 à 107
121 à 150

7e., *mercredi 29.*
150 à 192
317 à 365

8e., *jeudi 30.*
366 à 445

ABRÉVIATIONS

Les n^{os}. suivis d'une étoile désignent les estampes encadrées.

ap.	après.
av.	avant
ép.	épreuve.
est.	estampe.
H.	hauteur.
l.	largeur.
l.	lettre.
pi.	pièce.
p.	papier.
v.	volume.
(B. 1.) . . .	Bartsch, n°. 1.
(C. R. 42.) . .	Catalogue Rigal, article 42.
(H. v. 7. p. 130).	Manuel d'Hubert, volume 7, page 130.

Imprimerie MOREAU, rue Montmartre, n. 39.

Mr. Lu

15. Dessins vue de Spa
1.   d. de Waterloo   ─ 20.05

1 — volume
indice de l'atlas geographi.}
un Rouleau de 16 pièce }

160 feuilles }
monuments de Mismes } ─ 25.05
in 50 ─   10 13 05

2 p. rosterman et Bolwert ─ 21 ─ 0

paysage d'Earlom }
jeune vieuve Balechou } ─ 21
candelabre }

3. Cadres avec verre ─ 21.95

1 portefeuille et 2 volumes   10
de papier blanc   10

36. feuilles arabesques de 2 planches 18
48. memes ─────────────
                                       33.95
16. feuilles   6 ─ 05

13. voules 16   0

autre partie des monuments de Mismes ─ 9.95

2. Études de Piano   12.20

Études de Piano —   27

Études 15 ...   131

AVIS.

Notre faible expérience sur les dessins pourrait avoir quelque influence fâcheuse sur les amateurs qui désireraient faire quelques acquisitions à la vente que nous sommes chargés de faire ; pour cette raison, nous nous empressons de les prévenir que nous n'avons pas cru devoir nous en rapporter à nos seules connaissances pour la description des dessins, et que nous avons été aidé dans ce travail par des amateurs expérimentés et d'une obligeance extrême. Nous avons donc lieu d'être persuadés que chaque dessin se trouvera décrit tel qu'il doit l'être et de manière à ne laisser aucun doute sur son originalité.

La partie des estampes étant d'un très-grand intérêt, nous avons pris tous les soins possibles pour que les amateurs éloignés et ceux qui ne pourraient pas se rendre à la vente puissent bien connaître la situation des pièces qu'ils désirent obtenir.

Nous avons placé à la suite de la désignation de chaque estampe le numéro de l'œuvre du graveur décrit dans *le Peintre-Graveur*, par *Bartsch*, et les pièces que nous n'avons pas trouvées dans cet ouvrage, nous les avons cherchées dans le *Catalogue du cabinet Rigal*, par *Lalande*, dont nous avons rapporté seulement le numéro de l'article où nos pièces se trouvaient décrites. Enfin le *Manuel d'Huber* nous a aussi servi lorsque les deux précédens ne pouvaient satisfaire à nos recherches.

Nous avons divisé notre catalogue par écoles (en réunissant pourtant celles des Pays-Bas et d'Allemagne ensemble, pour ne pas faire trop de subdivisions), et chaque école par ordre alphabétique : mais nous n'avons pas été toujours bien stricts à cette dernière règle à cause des lots que nous avons formés d'avance en accolant plusieurs maîtres ensemble lorsqu'un seul ne nous paraissait pas être assez important : par ce moyen, nous avons pu éviter, en partie, ces numéros de division qui embarrassent l'acheteur, ne pouvant pas connaître les pièces qui seront réunies.

Notre plus grand désir étant de simplifier, autant que possible, le travail des personnes qui voudront bien suivre nos ventes, nous ne tiendrons aux règles établies qu'autant qu'elles nous seront utiles pour atteindre ce but.

CATALOGUE

DE

DESSINS ET ESTAMPES.

DESSINS.

ÉCOLE ITALIENNE.

1. *Anonyme.* Jésus devant Pilate, ancienne miniature sur parchemin. Elle est cintrée et parfaitement conservée.

2. ANPINO. La Flagellation, grande composition de beaucoup de figures tracées au crayon noir. Saint Jérôme en extase, au crayon rouge. 2 pi.

3. BACCIO-BANDINELLI. Etude de trois têtes largement esquissées à la plume et ombrées par des hachures.

4. BARROCHE. Saint François adorant l'enfant Jésus. On aperçoit la Vierge dans une gloire au milieu des anges. Très-beau dessin à la plume et lavé au bistre.

5. *Du même.* Le Christ mort.

6. *Du même.* Saint François en extase, esquisse faite à deux crayons.

7. BARTHOLOMEO (Fra). Grand autel au milieu duquel est placé le buste de la Vierge, et de chaque côté des anges à genoux. Dessin à la plume.

8. *Du même.* Etude de quatre figures tracées à la plume; une seule est lavée à l'encre de la Chine.

9. *Du même.* Portrait de Savonarola, dessin savamment exécuté à la pierre noire.

10. BELLIN (Jean). La Vierge reçue dans le ciel par le

Fils de Dieu; au bas, le roi David, Salomon, saint Augustin et autres saints admirent la gloire céleste. Très-belle composition tracée à la plume et lavée à la sépia. Une étude de tête faite à la plume. 2 pi.

11. BRONZINO. Tête d'homme couronnée de lauriers, et une tête de jeune fille. Deux dessins à la pierre noire.

12. BUONAROTTI (Michel-Ange). Prophète et Sibylles. Etude de trois figures au crayon rouge.

13. *Du même.* Deux hommes combattant. Dessin très-terminé et d'une parfaite conservation.

14. *Du même.* Etude de deux figures : une bien terminée à la pierre noire, l'autre seulement esquissée. Très-beau dessin.

15. *Du même.* Figure d'homme drapé. Etude faite au crayon noir.

16. *Du même.* Homme portant un vase. Le corps et les les bras sont terminés, le reste n'est que tracé au crayon rouge.

17. *Du même.* Etudes de deux femmes accroupies, au crayon rouge. Un dieu fleuve couché à terre, esquisse au crayon noir. 2 pi.

18. *Du même.* Etude de figures d'hommes tracées à la plume avec une énergie que ce grand peintre seul pouvait donner. Les deux côtés de la feuille sont travaillés avec un égal mérite. Pièce capitale.

19. *Du même.* Etudes d'anatomie. Figure d'homme à genoux. 2 pi.

20. CANGIAJO (Lucas). Repos en Egypte tracé à la plume et lavé à l'encre de Chine. Repos au retour d'Egypte, seulement au trait. 2 pi.

21. CARAVAGE (Polidor). Loth et sa famille fuyant de Sodome. Dessin capital fait à la plume.

22. *Du même.* Très-beau dessin au bistre, rehaussé de blanc et représentant un groupe de guerriers romains. Pièce capitale et d'un bel effet.

22 *bis.* *Du même.* Frise où se trouve représenté l'enlèvement des Sabines. Dessin à la sépia rehaussé de blanc.

23. *Du même.* Deux frises en clair-obscur. Compositions de beaucoup de figures parfaitement dessinées.

24. CARACHE (Augustin). Sainte famille, beau dessin à l'encre de la Chine.

24 *bis.* *Du même.* Saint Joseph travaillant de la menuiserie, tandis que l'enfant Jésus, assis à terre, s'amuse à faire une croix. Très-beau dessin à la sépia.

25. *Du même.* Deux chasseurs chargeant des fusils. Esquisse à la plume.

26. CIGOLI. Adoration des bergers.

27. CIMIDAÉ. Cavalier et Dame accompagnés de deux gros chiens. Les dessins de ce maître sont très-rares.

28. CORRÉGE. Ange dans les airs, dessin au bistre rehaussé de blanc. Esquisse très-précieuse.

29. *Du même.* Un saint entouré d'anges. Très-beau dessin au bistre rehaussé de blanc.

30. *Du même.* Sibylle assise à terre. Charmant dessin au crayon rouge.

31. *Du même.* Buste d'enfant les yeux baissés; la tête seule est parfaitement terminée au crayon rouge, et d'un effet admirable.

32. DANIEL DE VOLTERRE. La résurrection de Lazare. Dessin capital au bistre.

33. *Du même.* Etudes de pieds et mains, au crayon rouge.

34. LE DOMINIQUIN. Martyre de saint Laurent. Riche composition esquissée à la plume avec un grand talent.

35. *Du même.* Diane au bain au milieu de ses nymphes. Dessin au crayon et au bistre.

36. *Du même.* Très-joli paysage avec fabriques et animaux, au crayon rouge.

37. *Du même*. Esquisses et dessin terminé. 3 pi.

38. DUPRET (Gaspre). Paysage avec fabriques; esquisse au lavis.

39. GARBO (Raphal del). Vision de saint Bernard. Dessin à la sépia, rehaussé de blanc.

39 *bis. Du même*. Une sainte tenant un livre.

40. GIOTTO. Saint Pierre, sur les eaux, s'approche du Sauveur qui l'appelle; les autres apôtres sont plus loin dans une barque. Esquisse à la plume.

41. JULES-ROMAIN. Les géants écrasés sous les énormes rochers qu'ils avaient entassés pour faire la guerre aux dieux. Dessin capital exécuté avec une grande énergie à la sépia, rehaussé de blanc.

42. *Du même*. L'enfance d'Hercule, composition allégorique.

43. *Du même*. Médée posant un pied sur un dragon ailé. Beau dessin au bistre.

44. *Du même*. Faunes conduisant un âne. Charmant dessin tracé à la plume et lavé à la sépia.

45. LÉONARD DE VINCI. Tête de vieillard d'une belle expression. Dessin très-fini en clair-obscur.

46. *Du même*. Etudes de mains avec draperies. Dessin d'un fini parfait au bistre rehaussé en blanc.

47. LIPPO (Filip.). Modèle d'ornement avec figures pour garnir un côté de fenêtre. Dessin parfaitement exécuté à la plume.

48. LUTTI (B.). L'évangéliste saint Luc. Esquisse au crayon rouge.

49. MANTEGNA. Groupe de sénateurs romains. Dessin à la sépia.

50. MUCIANO. Esquisse de beaucoup de figures à la sépia, et les contours à la plume.

51. MURILLOS. Un moine prêchant au milieu d'une grande assemblée de peuple. Grande et belle composition tracée à la plume et lavée à l'encre de la Chine.

52. PALME-LE-VIEUX. Christ mort soutenu par un saint pontife : deux anges portent les instrumens de la passion.

53. PAPIGNANI. Jésus présenté au peuple. Composition de beaucoup de figures, au crayon noir.

54. PARMESAN. David rentrant triomphant dans Jérusalem au milieu de l'armée et du peuple israélites. Dessin à la plume et lavé à la sépia.

55. *Du même.* Les quatre pères de l'Église discutant sur l'immaculée Vierge Marie, que l'on voit au-dessus d'eux assise sous un dais. Belle composition exécutée au bistre et rehaussée de blanc.

56. *Du même.* Vieillard en méditation ; plusieurs génies semblent s'occuper à écrire ses œuvres. Très-beau dessin à la plume.

57. *Du même.* Berger endormi dans un lieu désert ; effet de nuit.

58. PASSAROTTO (Bernardino). Saint Jérôme soutenu par des anges. Dessin capital fait à la plume, et bien terminé pour être gravé.

59. PASSIGNANO. Une feuille remplie d'études d'anges, de vierge, et autres figures en diverses attitudes.

60. PIETRE-DE-CORTONE. La Sculpture, assistée de la Justice et de la Force, exécute le buste de Léon X. Le fond offre l'église de Saint-Pierre et le pont Saint-Ange, à Rome. Superbe dessin à la sépia, rehaussé de blanc.

61. *Du même.* Femme étendue à terre, et secourue par d'autres femmes. Dessin à la plume et lavé au bistre.

62. PENNIS (Lucas). Assaut donné à une grande ville, composition esquissée à la plume. Dessin d'une fontaine dans le même style, et une frise par Palidor. 3 pi.

63. POCETTI (B.). Les Philistins amenant Samson captif. Diane allant à la chasse. Deux dessins au crayon rouge.

64. POLLAJOLO. Bergers chantant et jouant de divers instrumens; des jeunes filles travaillent en les écoutant.
Composition capitale et du plus grand intérêt. Ce pré-
cieux dessin est un peu fatigué.

65. PONTORMO. Esquisse d'une scène de déluge, à la pierre
noire.

66. *Du même.* Les trois mages, figures largement drapées, et dessinées au crayon rouge.

67. *Du même.* Études d'hommes s'efforçant à soulever des
poutres. Deux dessins au crayon rouge.

68. PRIMATICE. Diane et ses nymphes dans les nues, traî-
nées dans un char.

69. RAPHAEL-D'URBIN. Étude de femme tracée à la plume.
La simplicité de la pose et la pureté du dessin dé-
cèlent le grand maître qui a formé ces contours.

70. *Du même.* Jeune homme dans l'attitude de l'un des
grimpeurs qui se chausse. Esquisse à la plume de la
plus grande perfection.

71. *Du même.* Composition de plusieurs figures représentant Adonis mort, porté par quatre bergers. Dessin
à la plume, ombré dans quelques parties par de simples
hachures. Pièce capitale et d'un beau caractère.

> *Nota.* Les trois morceaux ci-dessus sont exécutés au trait par de
> simples contours tels que les vrais amateurs aiment à rencontrer
> dans les dessins du sublime Raphaël.

72. *Attribué au même.* Dieu dans sa gloire, soutenu par
des anges. Dessin cintré, exécuté au bistre et rehaussé
de blanc.

> Si nous n'affirmons pas que ce dessin est de Raphaël, c'est pour
> ne pas nous écarter de la règle que nous nous sommes imposée de
> n'affirmer que ce dont nous sommes bien convaincus; car cette
> belle composition a tout le caractère de l'originalité.

73. ROSA (Salvator). La chute des anges rebelles. Esquisse au crayon et à la sépia.

74. *Du même.* Superbe étude de figure drapée, exécutée
à la sépia, et d'un très-bel effet.

75. Rosselli (Marc). Trois têtes d'enfans sur une seule feuille : une est au crayon rouge, et les autres au crayon noir.

76. Del Rosso. Génie ailé portant une coupe. Dessin très-fini et d'un effet agréable, au crayon rouge.

77. Salviati. Étude de figures drapées, représentant Thésée enlevant la Toison-d'Or, un pape assis tenant la boule du monde, une sibylle et un guerrier. Quatre dessins à la sépia, rehaussés de blanc.

78. Del Sarto (André). Prêtre devant un autel, célébrant les offices divins ; il est assisté de deux enfans de chœur. Dessin très-fini, à la sépia, rehaussé de blanc.

79. *Du même.* Jeune homme appuyé et réfléchissant, figure à la pierre noire.

80. *Du même.* Très-belle étude de figure nue, vue par le dos, exécutée au crayon rouge.

81. *Du même.* Étude de figure nue, au crayon noir, et une tête d'enfant esquissée au crayon rouge. 2 pi.

82. *Du même.* Études de pieds, à la pierre noire.

83. Talpino. Vieille femme appuyée sur un bâton. Dessin au crayon noir.

84. Tibaldi (Paul). Étude de femme couchée sur un lit de repos. Dessin très-terminé à la pierre noire.

85. Tintoret. La gloire des élus et le jugement dernier. Deux grandes compositions exécutées à la plume et lavées à l'encre de la Chine.

86. Titien. Saint Jérôme assis dans un lieu désert et devant un crucifix. Dessin à la plume.

87. *Attribué au même.* Un dessin à trois compartimens, clair-obscur.

88. Del Vague (Perin). Saint Jean baptisant le Seigneur. Riche composition de beaucoup de figures, exécutée à la plume et au lavis.

89. Vasari. Plusieurs figures nues combattant ensemble. Dessin à la plume et au crayon rouge.

90. Della Vite (Théodore). Très-joli dessin au crayon noir, représentant une Vierge vue à mi-corps, et tenant l'enfant Jésus entre ses bras.

91. Zuccharo. Mariage d'un prince de la maison Farnèse. Dessin à la plume et lavé à la sépia, sujet historique et intéressant.

ÉCOLE FRANÇAISE et autres écoles.

92. Bellange. Très-belle collection de dessins coloriés, représentant des costumes de théâtre. Ces dessins, exécutés avec esprit et talent, offrent le plus grand intérêt, en rappelant avec beaucoup de vérité la manière très-bizarre avec laquelle les artistes de théâtre se costumaient sous le règne de Louis XIV et au commencement de celui de Louis XV. 61 pi. ; trois ne sont pas coloriées.

93. Delarue. Cinq croquis à la plume.

94. Fragonard père. Des jeunes femmes esclaves, présentées à un vieux pacha. Dessin capital exécuté avec beaucoup de talent. Il provient du cabinet de M. Montullé, et fut payé un grand prix à sa vente.

95. *Du même.* Quatre croquis lavés à la sépia.

96. M. Fragonard fils. Ornemens, vases, statues, bas-reliefs, etc. Seize dessins cartonnés.

97. M. Pichot. Deux très-belles gouaches, vues de Suisse.

98. Poussin (Nicolas). Les compagnons de Cadmus dévorés par le dragon ; beau dessin au bistre et à l'encre de la Chine.

99. Robert. Cinq vues de Rome au crayon rouge.

100. Vingt-neuf dessins, par *Cochin, Houbraken, de la Rue, Salembier* et autres.

101. Dessins originaux des différentes écoles, par *Arpino, Bourguignon, Boosse, Bouch Bramer, P. Bril, Callot, Canuti, Castelli, Dietrich, Fattore, Fragonard.*

102. *Gerard, della Notte*, Goltzius, *Kobel*, Lantara, Lafage, *Mignard*, *Primatice*, *Perelle*, *Tempesta*, *Vasori* et autres. 69 pi. 24 lots.

103. Devos. Jésus marchant au Calvaire au milieu des soldats et du peuple juif; Jésus en croix au milieu des deux larrons. Deux grandes compositions de beaucoup de figures.

104. Divers dessins représentant des plans de villes, des batailles, dont celle de Florus, siéges, etc., exécutés à la plume et au pinceau, plus une inscription chinoise. 12 pièces.

105. Paysage, sujet et monument. Trois dessins, par *Bassano*, *P. Bril* et *Roland Savary*.

106. *Par des anonymes.* Un très-joli dessin colorié, représentant une cérémonie religieuse au Vatican. Grand dessin représentant une peste. Une étude de tête de chameau, par *Overlat*, etc. 7 pi.

107. Hulan à cheval, dessin à deux crayons, par *Casanova*; autre à deux crayons; amours dans les nues. 2 pi.

ESTAMPES.

ÉCOLE ITALIENNE.

108. *Ancien anonyme.* Une feuille sur laquelle sont collées six petites pièces représentant des sujets de l'Ancien et du Nouveau-Testament, sans aucune marque ni inscription au revers. Toutes ces pièces rappellent un peu la manière de Baldini; elles sont très-bien conservées : deux seulement ont un petit coin déchiré. H. 22 lig., l. 17 lig.

109. *Autre anonyme.* Martyre de saint André. Très-belle pièce et d'un bon style, parfaite de conservation. H. 42 lig., l. 30 lig.

110. *Autre anonyme.* La Mort terrassant un guerrier,

sujet allégorique de plusieurs figures; dans le fond, une ville qui tient toute la largeur de l'estampe. H. 45 lig., l. 33 lig.

111. Amirighi (dit *le Caravage*). Hérodiade recevant la tête de saint Jean-Baptiste; figures à mi-corps. Pièce gravée avec beaucoup de talent, et qui nous paraît être indubitablement de ce maître. L'Incrédulité de saint Thomas, attribuée au *Caravage*. 1re ép. av. les fonds terminés et avant le nom de Robillart. *La même,* 2e. ép. par *Amato,* saint François et l'enfant Jésus (B. 2), saint Jérôme (B. 3). 5 pi.

112. Anesi (Paul). Trois petits paysages exécutés d'une pointe fine et spirituelle. 3 pi.

113. Barbieri (dit *le Guerchin*). Saint Antoine de Padoue (B. 1). Deux femmes qui se battent (B. 1). Des pièces douteuses. *Badiale,* Vierge et enfant Jésus (B. 1). Repos en Égypte (B. 2). Anges adorant la Vierge et l'enfant Jésus (B. 3). Descente de croix (B. 4). 6 pi.

114. Barroche. Annonciation de la Vierge (B. 1). Vierge assise dans les nues (B. 2). La même copie, saint François recevant les stigmates (B. 3). Le pardon de saint François, pièce capitale de ce maître et belle ép. (B. 4). 5 pi.

115. Beatrizet (Nicolas). Les Romains combattant les Daces, d'ap. un bas-relief (B. 94).

116. Bella (Della). Choix des plus jolies eaux-fortes de ce maître, marines, sujets militaires, etc. 48 pi.

117. Benaschi. Sainte famille, seule estampe gravée par ce peintre. *Bolognini.* Massacre des Innocens (B. 1). La même copie. *Borboni.* Offrande à saint Benoît, seule pièce gravée par ce peintre. *Burani.* Silène et satyres, seule pièce de ce peintre. 5 pi.

118. Bonasone. La naissance de saint Jean-Baptiste; très-belle ép. (B. 76).

119. BISCAINO. Nativité, pièce capitale un peu tachée (B. 7). La femme adultère, très-belle ép. un peu fatiguée (B. 13). Saint Jérôme en prière (B. 34). Jésus ressuscitant le Lazare, pièce non décrite. 4 pi.

120. *Du même.* Bergers et troupeau; belle ép.

121. BORGIANI. Diverses pièces des loges de *Raphaël* (B. 4, 7, 11 et 34). Le Christ mort pleuré par les trois Maries; pièce décrite et non connue par *Bartsch. Badalocchio.* Sainte famille (B. 25). Mariage de sainte Catherine (B. 26). Têtes de Mars et de Cérès; non décrites. *Bellavia* (B. 17, 28, 35, 40 et 49). Une est. 1re ép. av. le changement de numéro. Autre pièce capitale de ce peintre (B. 51); et plusieurs autres. 17 pi.

122. BRACCELLI (J.-B.). Le pape saint Léon arrêtant Attila et son-armée prêts à saccager Rome; grande pièce cintrée et non décrite. H. 14 p., l. 9 p. 10 lig.

123. BRIZZIO (T.). Retour d'Égypte de la sainte famille; belle ép. et rare (B. 2). Saint Roch priant Dieu le père, d'ap. le Parmesan (B. 9). Plusieurs autres estampes par *Bonon, Colta* et autres. 17 pi.

124. CAMASSEI. Sainte famille (B. 1). Ce peintre n'a gravé que deux pièces qui sont très-rares. Celle que nous citons est belle et bien conservée. *Caccioli.* Mort de la Madeleine (B. 2). *Canuti.* Vierge au rosaire (B. 1). *Cavedone* (B. 2) et autres. 8 pi.

125. CAMPAGNOLA (Dominico). Adoration des bergers. La Vierge est assise au pied d'un groupe d'arbres; derrière elle est saint Joseph; à la gauche de l'estampe, deux bergers adorent l'enfant Jésus. Grande composition gravée sur bois et non décrite par Bartsch; pièce rare.

126. CANAL (Antoine). (C. R. 198). Vues de Venise et des environs, exécutées à l'eau-forte avec beaucoup d'esprit et de vérité; belles ép. 11 pi.

127. CANTARINI (dit *le Pesarese*). Repos en Égypte (B. 2).
Autre ép. av. l'adresse de Robillard; repos en Égypte
(B. 3). La même copie; repos en Égypte (B. 4).
La même copie; repos en Égypte (B. 5). Repos en
Égypte, de forme octogone (B. 7). Repos en Égypte
(B. 8). Sainte famille (B. 9). Sainte famille; 1re
ép. av. le nom du *Guide*, et av. que le contour du bras
de saint Jean soit bien exprimé (B. 10). La même,
2e ép.; repos en Égypte (B. 11). Sainte famille (B. 13).
Sainte famille (B. 15). Vierge et enfant Jésus (B. 18).
Belle copie (B. 21). Saint Jean dans le désert (B. 23).
Saint Sébastien (B. 24). Belle copie de saint François
(B. 25). L'ange gardien (B. 28). Saint Benoît guéris-
sant un possédé (B. 27). Jupiter, Pluton et Neptune
rendant hommage aux armes Borghèse; 2e ép. (B. 29).
La même; 3e ép. Jupiter enlevant Europe (B. 30).
Mercure endormant Argus; belle ép. (B. 31). Mars et
Vénus (B. 32). La Fortune; 1re ép. av. le nom du
Guide (B. 34). Écusson d'armes (B. 35). Ensemble
32 pi. Deux lots.

128. CANTINI. Jolie tête de Vierge, d'ap. *Battoni.*

129. CASAGLIO (J.). Le mariage de la Vierge, d'ap. le
Parmesan; bien conservée (B. 1). Mercure enlevant
Psyché, d'ap. *Raphaël*; 1re ép. (B. 50). Adoration des
bergers, d'ap. le *Parmesan* (B. 4). Le martyre de saint
Pierre, d'ap. le même (B. 8). 4 pi.

130. CASTIGLIONE. Sujets et paysages décrits sur les nos.
1, 4, 5, 10, 11, 14, 15, 16, 18, 22, 23, 25, 26,
29, 32, 36, 49 et 51. Deux doubles et quelques-uns
beaux d'ép. 20 pi.

Clairs-obscurs gravés sur bois, dits Camaïeux.

131. Par UGO DA CARPI. Vierge à l'escalier (B. 2). Petite Vierge dans un ovale (B. 4). David vainqueur de
Goliath (B. 8). Résurrection de J.-C. (B. 26). Vierge

dans le ciel adorée par un saint évêque (B. 26). Ananie frappée de mort (B. 27). Diogène (B. 16). Par *André Androani*. Saint Jean dans le désert, très-jolie pièce, 1re ép. (B. 17). Saint Pierre et saint Jean; 1re ép. av. la marque (B. 26). Par *Nicolas de Vicence*. Adoration des mages; 1re ép. av. le changement de nom (B. 2). Jésus guérissant les lépreux (B. 15). Hercule étouffant le lion de Némée; 1re ép. av. le nom d'*André Androani* (B. 17). Vénus et l'Amour (B. 29). La vertu se défendant contre les vices; 1re et belle ép. avant que l'inscription de droite ait été effacée (B. 9). Des sujets allégoriques. Par *Antoine de Trente*. Les apôtres (B. 3, 4, 7, 10 double et 12). Martyre de saint Pierre et de saint Jean; 1re ép. avec les trois planches sur la terrasse (B. 28). La sibylle Tiburtine et Auguste (B. 7). Etude de figure (B. 13). Par des *anonymes*. Repos en Égypte (B. 11). Circé et les compagnons d'Ulysse (B. 6). L'astronomie (B. 6). Par *Coriolan*. Sibylle tenant une tablette (B. 4). La paix et l'abondance; 1re ép. av. le changement et l'inscription. 26 pi. 5 lots.

132. CARRACHE (Annibal). L'adoration des bergers; 1re ép. av. le nom de *V. Aelst* (B. 2). La même; 2e. ép. Jésus couronné d'épines (B. 3). La même copie; sainte famille à l'oiseau (B. 8). Vierge à l'écuelle; 1re. ép. av. le nom de *V. Aelst*, un peu endommagée. La même, 2e. ép.; Vierge dans les nues (B. 10). Sainte famille (B. 11). La même copie; saint Jérôme lisant (B. 13). Saint Jérôme pénitent; très-belle ép. av. tous noms, rare (B. 14). Saint Jérôme tenant une croix (B. 15). Madeleine pénitente (B. 16). Adoration des mages et Vierge avec l'enfant Jésus; nos. 1 et 4 des pièces attribuées. 16 pi.

132 *bis*. *Du même*. Le Christ de Caprarole; un peu faible (B. 105).

133. CARRACHE (Augustin). Tobie et l'ange; 1re ép. av. le mot *Urbin*, rare à trouver avec cette remarque (B. 27). Saint François recevant les stigmates; faible. 4 pi.

134. Du même. Vierge et enfant Jésus; 1re ép., un peu tachée (B. 51). La même, 2e ép.; Vierge dans les nuages (B. 52). Sainte famille (B. 43). Saint Jean (B. 54). Saint François (B. 65). Saint François recevant les stigmates (B. 68). Madeleine (B. 83). Sainte famille adorée par sainte Félicité et saint Antoine (B. 96). Distribution des cordons de saint François (B. 109). Énée sauvant son père de l'embrasement de Troie (B. 110). Vénus endormie et satyre (B. 112). Mars et Minerve (B. 118). Les deux scènes de théâtre (B. 121 et 122). Satyre fouettant une nymphe attachée à un arbre (B. 133). 16 pi.

135. CARRACHE (Louis). Vierge environnée d'anges; 1re ép. av. le nom de *V. Aelst* (B. 2). La même; 2e ép. La même copie; Vierge tenant un livre (B. 3). La même copie; sainte famille; très-jolie pièce, belle ép. (B. 5). Bustes de Lucrèce et autre; par *François Carrache*. 11 pi.

136. CREMONESE. Dalila coupant les cheveux à Samson; belle pièce (B. 4). Saint Roch à genoux; 1re ép. av. le changement à l'escabelle, pièce endommagée (B. 5). *Caccianemici*. Sainte famille, où l'on voit le petit saint Jean qui présente la banderole à l'enfant Jésus. Les lettres V. C. sont au milieu du bas; pièce non décrite. *Capitelli*. Mariage de sainte Catherine (B. 6), Mort de la Madeleine. Fête donnée à Sienne sur la grande place (B. 42). *Cozza*. Cimon condamné à mourir de faim est nourri par sa fille; belle ép. (B. 4), 7 pi.

137. C. P. (*anonyme aux lettres*). Saint Michel terrassant le démon (B. v. 19, p. 184). Le centaure Nessus

terrassé par Hercule (B. 4). Vénus environnée d'amours qui domptent un satyre (B. 6). 3 belles eaux-fortes.

138. Dé (*le maître au*). Sainte Barbe; belle ép. (B. 12). Apollon et Daphné (B. 19), et quatre pièces (B. 21, 25, 48 et 76). 6 pi.

139. *Du même.* La victoire de Scipion sur Syphax, roi de Numidie. Triomphe de Scipion après la bataille de Zama, gagnée sur Annibal; très-belles ép., parfaites de conservation et av. l'inscription et l'adresse (B. 73 et 74).

140. DIAMANTINI (J.). Sainte famille (B. 3). Autre sainte famille (B. 4). Jésus mort (B. 6). Vénus et Adonis (B. 17). Flore assise auprès d'une autre déesse (B. 22). Danaé recevant Jupiter en pluie d'or (B. 40). Plus, la mort d'un saint par *Dionisio.* 7 pi.

141. DUGHET (Gaspre). Sept paysages, beaux d'ép. (B. 2 à 8); les n°°. 2, 4 et 7 sont av. l'adresse de *Mauperché*, le n°. 3 sans marge. Plus, quatre autres d'ap. lui-même. 11 pi.

142. ENÉAS-VICUS. Combat des Amazones (B. 14). Vieille femme filant (B. 39). Un vase (B. 423). 3 pi.

143. FACHETTI (Pierre). Portement de croix; très-belle estampe bien conservée et rare (B. 2).

154. FALCONE (Ange). Le tombeau, pièce très-bien gravée d'ap. le *Parmesan* (B. 13). Trois ép., la 1re. très rare, avec le fond du médaillon en blanc av. le nom et les retouches, la 2e avec le nom, et la 3e copie. 3 pi.

155. FARINATI (H.). Le passage de la mer Rouge (B. 1). La Vierge assise (B. 4). Grande bataille (B. 6).

156. FOSSATI (D. An.). Suite complète de 24 paysages et monumens, exécutés en grande partie à l'eau-forte, d'ap. *Ricci.* Collection très-intéressante et peu connue.

157. FRANCO (Batista). Frappement du rocher (B. 2). Hercule tuant l'Hydre de Lerne (B. 39). Diane avec ses nymphes; 1re ép. av. le nom du graveur (B. 46). Grande composition (B. 76). 4 pi.

École de Fontainebleau.

158. Par *Domenico Fiorentino*. Repos d'hommes et femmes (B. 6). Par *Leo Davent*. Sainte famille (B. 1). Sacrifice (B. 14). Deux muses (B. 23 et 26). Une nymphe (B. 37), et 8 paysages. Par *Fantouzzi*. Dames romaines (B. 12 et 13). Mars et Vénus au bain (B. 10). Par *Mignon*. Un Cartouche soutenu par deux figures de femmes nues, pièce non décrite. Par *le Maître* I. V. Vénus dans un char marin, traînée par deux cygnes (B. 3). Par des *anonymes*. Adoration des bergers (B. 1). Jeunes filles portant des vases (B. 81), et beaucoup d'autres pièces non décrites. Ce numéro sera divisé.

159. Mars et Vénus, chasse de Diane et autre, par *Leo Davent*. 3 pi.

160. Clélie et ses compagnes traversant le Tibre, par un anonyme de l'école de Fontainebleau.

161. Apollon et Marsias, et pendant; deux belles estampes de la même école.

162. GALLINARI. Vénus et l'Amour, pièce très-rare (B. 2). L'ange gardien, par *Impériale* (B. 4). 2 pi.

163. GHISI (Adam). Vierge (B. 4). Sainte Catherine (B. 7), et divers autres sujets, sous les n°° 12, 13, 15, 21, 26, 104 et 107; plusieurs sont beaux d'ép. 9 pi.

164. GHISI (Georges). Les 6 angles de la chapelles Sixtine, d'ap. M. Ange, d'une parfaite conservation (B. 17 à 22). 6 pi.

165. *Le même*. Neptune (B. 31). Vénus sortant de la mer (B. 38). Les quatre plafonds (B. 36 à 39). Hercule appuyé sur sa massue, très-belle (B. 40). Portrait de M. Ange (B. 71). 8 pi.

166. *Le même*. Jugement de Pâris, très-belle ép. ayant été pliée, il y a une cassure au milieu (B. 60).

167. *Le même.* La calomnie traînant l'innocence au tribunal de l'ignorance; belle ép., et parfaite de conservation (B. 64).

168. *Le même.* Des esclaves conduits en triomphe au milieu des soldats romains (B. 68).

169. Ghisi (Diana). Jésus renvoyant la femme adultère (B. 4).

170. Gimignani (H.). Saint Ignace de Loyola adorant l'enfant Jésus et la Vierge (B. 6). Six pièces, jeux d'enfans (B. 8 à 12 et 18). Une bacchanale (B. 25). 8 pi.

171. Giordano (Lucas). Sainte Anne reçue dans le ciel par la Vierge, et couronnée par J.-C.; 1re ép. av. le nom, très-rare.

172. Grimaldi (B. v. 19, p. 83). Vingt-cinq paysages; la plus grande partie gravée à l'eau-forte par lui-même.

173. Leone (G.). Études d'animaux, chèvres, moutons, vaches, etc. (B. 1 à 6). Paysage à la grande cascade (B. 7). 7 pi.

174. Lioni (Octave). Portraits de personnages dont les noms sont connus (B. 14, 18, 19, 24, 25, 27, 28, 30, 31, 32, 34, 35, 37, 58 et 39). 14 pi.

175. Loli (Laurens). La Vierge adorant l'enfant Jésus (B. 4). Plusieurs autres sujets de Vierges et de saints (B. 5, 7, 8, 13 et 14). Sujets de la mythologie (B. 19, 20, 21, 22, 24, 26, 29, 30 et 31). 16 pi. le n°. 24 copie.

176. Londonio et autres. Études d'animaux. 9 pi.

177. Maratto (Carlo). Sujets de Vierges (B. 1, 2, 4 et 5). Martyre de saint André (B. 11). Helyodore frappé de verges (B. 13); cette dernière fatiguée. Plusieurs autres pièces. 12 pi.

178. Meldolla. Jésus-Christ guérissant les lépreux (B. 16). Cette belle pièce a été rehaussée en quelques parties par des blancs mis au pinceau.

179. Mola (F.). Joseph reconnu par ses frères (B. 1).
La Samaritaine; 1re. ép. (B. 3). La même; 2e ép.
Saint André conduit au suplice (B. 5). Par *B. Mola.*
Suzanne surprise au bain (B. 3). Par *Mitelli.* Europe
enlevée par Jupiter (B. 35). 7 pi.

180. Diverses eaux-fortes, par *Meloni, Fialetti, Peroloni,
Cantagalina, Liano,* et autres. 32 pi.

181. Morghen. Sainte famille, d'ap. *Rubens,* ép. av. la l.

182. * La cène, d'ap. *L. de Vinci;* ép. av. la l.

183. * Le char du soleil, d'ap. le *Guide;* très-rare ép. av.
toutes lettres.

184. * La même estampe avec la lettre.

185. * La danse des heures et le repos en Égypte, deux
estampes d'ap. le *Poussin;* ép. av. la l.

186. Mono (J. B. et Marco del). Le tombeau d'un pape
(B. 13). Les 4 saisons (B. 22). Le paysage aux quatre
vaches (B. 25). Romulus et Rémus allaités par une
chèvre (B. 29). Le mauvais juge (B. 35). Piége de la
mort (B. 36). La sibylle Tiburtine (B. 3), et la nativité. Par *Oddi* (B. 1). 7 pi.

187. Palma (J. le jeune). Saint Jérôme s'entrenant avec
le pape Damase; 1re. ép. av. le numéro (B. 16). Saint
Jean puisant de l'eau (B. 19). Incrédulité de Saint Thomas (B. 22). Le génie de la ville de Rome (B. 23).
Judith mettant dans un sac la tête d'Holopherne (B.
25). Dalila coupant les cheveux à Samson (B. 26).
Une sainte famille. 7 pi.

188. Parmesan. Judith (B. 1). Annonciation (B. 2).
Vierge (B. 4); Jésus mis au tombeau; 1re. ép. av. la
retouche (B. 5). La même copie, la résurrection (B.
6). La même copie; Sainte Thaïs (B. 10). Le berger
(B. 12), et autres pièces, par le *Parmesan* et le maître
qui signe F. P.

189. Passarotti (B.). La visitation, très-belle estampe
d'un grand effet, ce qui est difficile à rencontrer (*V.*

B. v. 8, p. 3, n°. 2). Repos en Égypte, d'après le même.
Par *Perruzzi*. L'assassinat; belle ép. (B. 7). Par *Pe-
rugino*. Adonis rencontrant Vénus; 1re. ép. eau-forte
pure (B. 4). La même, 2e. ép. 4 pi.

190. Del Pô. Neptune sortant des eaux (B. 31). Vénus
et Vulcain (B. 32). Par *Podesta*. Saint François (B.
1). Bacchanale au sacrificateur (B. 3). Autre bacchanale (B. 7). par *C. Procaccino*. Le repos en Égypte
(B. 3), et autres. 8 pi.

191. PRIMAVESI. 12 paysages gravés à l'eau-forte.

192. PROCACCINO, REVERDINO et autres. Jésus à table avec
les disciples d'Émaüs; pièce non décrite. Saint Pierre
recevant les ordres de Dieu. Saint Pierre délivré de
prison, etc. 6 pi.

193. RAIMONDI (Marc-Antoine). David tuant Goliath,
pièce capitale et de la plus grande rareté, avant la tablette. Il est à regretter que cette belle estampe soit
mal conservée (B. 10).

194. Du *même*. Le massacre des innocens; très-belle ép.
avec quelques restaurations (B. 20).

195. Du *même*. Une autre ép. de la même est.; belle ép.
un peu fatiguée.

196. Du *même*. La cène, dite *aux pieds*; très-belle ép.
avec quelques restaurations et doublée (B. 26).

197. Du *même*. Saint Pierre prêchant à Athènes; très-
bien conservé, avec un pouce de marge (B. 44). Le
même sujet, parfaitement gravé par M. de *Ravenne*,
difficile à reconnaître avec celui de M. Antoine.

198. Du *même*. La même estampe originale de M. *Antoine*; belle ép., mais doublée et ployée du milieu; elle
porte les lettres initiales de *Pierre Mariette* (B. 44).

199. Du *même*. La vierge à l'escalier; très-belle ép.
endommagée et doublée (B. 45).

200. Du *même*. Les cinq saints, très-bien conservée, avec
un pouce de marge; ép. médiocre (B. 113).

201. Du même. Sainte Cécile; superbe ép. et bien conservée; seulement au bas de l'estampe on a ajouté une
petite bande qui occupe toute la largeur de l'estampe,
mais qui ne touche point les extrémités des figures
(B. 116).

202. Du même. Offrande à Priape, frise d'après un bas-
relief antique; pièce très-rare, belle d'ép. un peu tachée et doublée (B. 248).

203. Du même. Mercure; d'ap. Raphaël, un des angles
du palais Ghigi (B. 343).

204. La même estampe plus belle d'ép.

205. Du même. Mars, Vénus et l'Amour; très-belle ép.
et parfaitement conservée (B. 346).

206. Du même. Fragment du *quos ego* (B. 350). Le médaillon du milieu, et quatre compartimens du côté
droit. 5 pi. belle d'ép.

207. Du même. La petite peste; passable d'ép. et de conservation (B. 407).

208. Du même. L'homme au drapeau; belle ép. et bien
conservée; trois petites taches dans le haut (B. 481).

209. Du même. La cassolette; bien d'ép. et de conservation (B. 489).

210. Du même. Saint Jacques le majeur (B. 127), sans
la marque du graveur; nous croyons qu'elle a été grat-
tée, Saint Paul (B. 136). Jeune dame tenant une lampe
(B. 274). La charité (B. 386). Sainte Cécile, par
M. de *Ravenne* (B. 116). 5 pièces, 3 sont originales
de M. *Antoine*.

211. RAVENNE (Marc de). Le massacre des innocens,
d'ap. Baccio Bandinelli (B. 21).

212. La même estampe.

213. Du même. Trajan combattant contre les Daces
(B. 206).

214. Du même. Enlèvement d'Hélène; belle et bien con-

servée; seulement à la-gauche manquent deux petits coins (B. 210).

215. Par M. *de Ravenne* et *Augustin de Venise*. Saint Luc (B. 92). Entellus et Dares (B. 195). Deux feuilles caryatides (B. 301 et 303). Vénus et l'Amour portés par des dauphins (B. 324). Académie de B. Bandinelli (B. 418). L'homme au drapeau (B. 482). Panneau d'ornement (B. 517). Le n°. 92 copie. 6 pi.

216. RIBERA (dit *l'Espagnolet*). Le corps mort de J.-C., pleuré par les saintes femmes; belle ép. (B. 1). Belle copie, par *Matiali*, n°. 9 de son œuvre. Saint Jérôme lisant (B. 5). Martyre de saint Barthélemy (B. 6). Saint Pierre; belle ép. (B. 7). Combat d'un centaure et d'un triton (B. 11). Satyre fouetté. (B. 12). Silène couché (B. 13). Don Juan d'Autriche à cheval; 1re. ép. av. les changemens (B. 14). Repos en Égypte. 10 pi.

217. RICCI (M.). Paysages gravés par lui-même (B. 2, 6, 9, 10, 11, 12, 13, 15 et 16). 9 pi.

218. RENI (Guido). Vierge et enfant Jésus, belle eau-forte (B. 1). Vierge et enfant Jésus (B. 2). Copie du n°. 4, Vierge, enfant Jésus et saint Jean (B. 16). Sainte famille (B. 8). Autre sainte famille (B. 10). Deux ép. l'enfant Jésus et saint Jean (B. 12). Autre composition très-belle (B. 13). Saint Chrysostôme (B. 14). Saint Jérôme en prière (B. 15). Copie du même, l'amour de l'étude (B. 16). Jésus mis au tombeau (B. 46). Copie du même. Sainte famille avec sainte Claire (B. 50). La Samaritaine (B. 52). Copie de la même. Saint Roch distribuant son bien aux pauvres (B. 53). Une contre-épreuve. Judith, par un anonyme, d'après le Guide (B. 1). Sainte famille, *idem*. 23 pi.

219. Par *Ferrantes Rosati*, 2 pi. Par *Sal. Rosa*, 2 pi. (B. 2 et 18). Les trois Maries, très-jolie eau-forte non décrite. Par *François Rosa*. Vierge couronnée par Jé-

sus-Christ (B. 1). Par *Rossi*. Deux enfans jouant (B. 4.). Et autres eaux-fortes intéressantes par *Rolli*, *Rombaldi* et autres.

220. Par *Martin Rota*. Le martyre de saint Pierre, d'après le Titien (B. 20), pièce un peu défectueuse. Prométhée (B. 106). Par *H. de Santis*, quatre pièces (B. 1, 3, 8 et 13). 6 pi.

221. SCARCELLO. Sainte Vierge vue à mi-corps, les mains jointes (B. 1). Jésus tourné vers la droite, tenant le globe du monde; pendant de la pièce précédente dont Bartsch n'a connu que la copie par Cochin. Cette pièce porte au bas de la gauche les lettres G. R. I. Saturne (B. 2). Bacchanale de trois enfans (B. 3) L'Amour sur un dauphin, et la Fortune (B. 4 et 6). Saint Jean et saint Philippe, par un anonyme de l'école du Guide. 8 pi.

222. SIBANI. Apollon et Martias (B. 2). Par *An Triva*. Suzanne surprise par les vieillards, belle épr. (B. 1). Par *Vajani*. Christ mort, seule pièce gravée par ce maître. Par *J.-B. Vanni*. Les noces de Cana, grande estampe d'après *P. Veronese* (B. 17). Par D. *Viani*. Saint Joseph et enfant Jésus, seule pièce de ce peintre. Par *J. M. Viani*. La guerre (B. 4). 6 pi.

223. Vingt paysages à l'eau-forte et au burin, par *Giampicoli*. *Guidotti*; *Hunufrius* et autres.

224. Silène et le roi Midas, par *Bonasone* (B. 89). Silène et deux génies, d'après *Bonasone* (B. 3). Martyre de sainte Catherine, par *Kartarus*; et deux estampes, par *Woeriot*. 5 pi.

225. Vingt-trois eaux-fortes, par *Carpioni Clarus* et autres.

226. Vingt-deux eaux-fortes : une par *San Martino* (B. 15); trois par *Salombene* (B. 1, 4, 7); diverses par *Rotari*, *Schaminozzi* et autres.

227. Paysages à l'eau-forte et au burin, par *Fontana* et autres; la plus grande partie d'après le *Titien*. 25 pi.

228. Seize pièces à l'eau-forte, dont douze par *P. Testa*.

229. Six pièces à l'eau-forte, dont une par *Giovannini* (B. 24); une par *Lana* (B. 4), et autres.

230. Paysages, vues d'Italie, fontaines et autres monumens, gravés à l'eau-forte avec beaucoup de goût et d'esprit par un anonyme aux lettres V. C., et dédiés au baron *della Tourdaigues*, par *Tierce*. 18 pi.

231. Treize paysages, par *Bellotto* et *Giampicoli*. ——

232. Trente pièces à l'eau-forte, par des peintres qui n'ont point mis leur marque. Beaucoup sont rares.

233. Cinquante-six pièces à l'eau-forte et au burin, par différens maîtres. Plusieurs sont très-intéressantes.

234. Quatorze eaux-fortes, par *Sole*, *Stephanoni*, *Vittoria*, *Zelotti*, *Zanetti* et autres.

235. Sujets pieux, d'histoire profane, allégoriques, et ornemens, par *Suavius* et autres. 11 pi. Plusieurs sont par des anonymes rares.

236.

237. Vingt-huit pièces, par *Chérubin Albert*, *Cotti*, *Galestruzzi*, *Villamena* et autres.

238. Trente-six pièces, par divers graveurs. ——

239. Trente-une pièces, dont la Vierge au poisson, par *M. Antoine* (B. 54). Beaucoup sont par *Augustin de Venise*, *M. de Ravenne*, *Georges* et *Diana Mantuan*, *Enéas Vicus*, et autres toutes originales, mais faibles d'ép. Ce numéro sera divisé.

240. Eaux-fortes, par *Carrache*, *Guido*, *Pesarese*, *Procaccino* et autres. 9 pi., 2 lots.

241. Deux pièces, par *Pasqualinus* et *Mitellus*. Martyre de saint Laurent, par le même. Enée portant son père Anchise, par le maître au dé, et beaucoup d'autres pièces par les Carraches, *Bonasone*, les *Ghisi*, etc. 40 pi. Ce numéro sera divisé.

242. Cent dix pièces, d'après *Bassano*, *Poussin*, *Ribera*,
Tintoretto et autres. 2 lots.

243. Cent pièces vieux maîtres de l'école italienne.

ÉCOLES ALLEMANDE, FLAMANDE
ET HOLLANDAISE.

244. AKEN (J. Van). Quatre paysages, beaux et bien
conservés (B. 18 à 21).

245. Les mêmes, 1res. ép. avec l'adresse de *C. de Jonghe*,
très-belles ép.; plus le paysage n°. 17. 5. pi.

246. ALMBLOVEN (J.). Suite de six paysages (B. 21 à 26),
très-beaux d'ép. La moisson est av. le numéro. 6 pi.

247. BAKHUIZEN (L.). Suite de marines belles d'ép.
(B. 1 à 10). Le portrait et l'éloge de ce peintre. 13 pi.

248. BARTSCH. Huit *fac-simile* de pièces rares. Par
Brandt. Trois paysages. Par *Erhard*. Diverses vues
d'Allemagne. 20 pi.

249. BEGA (C.). Divers sujets et figures (B. 11, 12, 13,
15, 16, 17, 18, 19, 20, 23, 25, 26, 27, 28, 29, 30, 31
et 34). La famille, d'après Bega. 19 pi.

250. BRICH (J.-F.) Paysages montagneux, sites agrestes
et ravins; 6 pi., très-belles et premières ép. (C. R., 42,
1re. partie).

251. Du *même*. Paysages et vues de Bavière, belles ép.
(C. R. 42, 2e. partie). 8 pi.

252. BERGHEM (N.). La grande vache qui s'abreuve,
2e. ép. avant le nom de *Schenk* (B. 1); 3e. ép. avec ce
nom; 4e. ép., le nom effacé. La première de ces
pièces est très-belle et bien conservée, seulement un
peu rognée. 3 pi.

253. Du *même*. La vache qui pisse, très-belle ép.
avec un pouce de marge, et avant toute adresse d'édi-

teur (r. 2). Autre ép. avec l'adresse de *G. Walk.*
2 pi.

254. Du *même.* Cinq pièces en hauteur (B. 8 à 12). Le
titre avec l'adresse de *Widt.* Les autres, assez belles
d'ép., sont un peu fatiguées.

255. Du *même.* Répétition des n°°. 8 et 10, trois ép.
du n°. 11, dont une copie, et le n°. 12. Le cahier
des études d'animaux, en largueur (B. 13 à 16).
10 pi.

256. Du *même,* Cahier à la femme, en huit feuilles (B.
41 à 48), belles ép. avec l'adresse de *Clément de
Jonge,* et un seul numéro au bas de la gauche.

257. Du *même.* Cahier à la femme qui chante, 6 feuilles
(B. 29 à 34). Cahier à l'homme au bâton, 6 feuilles
(B. 35 à 40). Cahier à la femme qui montre un mou-
ton, 8 feuilles (B. 41 à 48). Cahier à l'homme au sac,
8 feuilles (B. 49 à 54). Toutes ces suites sont avec les
numéros. Plus une contre-épreuve. 29 pi.

258. Du *même.* Les quatre mêmes cahiers, du n°. 29
à 56, avec les numéros effacés. 28 pi.

259. Bidermann. Dix-huit pièces à l'eau-forte. Plusieurs
par *Obermann* et autres.

260. Bleker (G.) Le chariot à quatre roues, le chariot
à deux roues et le cabriolet (B. 10, 11 et 12). 3 belles
pi.

261. Du *même.* Répétition du chariot à deux roues.

262. Bloemen (Van). (M. H. v. 6, p. 266). Quatre
paysages, auxquels nous avons joint quatre autres
paysages, par *V. Lan.* 8 pi.

263. Blomaert. Résurrection de la Tabite.

264. Bolswert. Paysages d'après *Rubens,* petit in-folio.
9 pi.

265. Du *même.* Paysages, grand in-folio, d'après *Rubens.* Quelques-uns par *Clouet.* 7 pi.

266. Boël (Pierre). Chasse au sanglier (B. 7). Etudes d'oiseaux, nᵒ. 1 à 6 (C. R. 109). 7 pi.

267. Bol (F.). Un philosophe vu à mi-corps et lisant, belle ép. (B. 6).

268. Bol (H.). Paysages enrichis de fabriques, sujets et animaux. 22 pi. Quelques-unes par *Van-der-Borcht* et autres.

269. Both (J.). Les cinq sens, d'une belle conservation (B. 11 à 15). 5 pi.

270. Du *même*. Suite de quatre paysages en hauteur, belles ép. avec le nom de *Mariette* à la place de celui de *Mathan* (B. 1 à 4). Le nᵒ. 4 double, mais le nom effacé. 5. pi.

271. Du *même*. Un paysage en hauteur, 1ʳᵉ. ép. avant le nom de *Mathan*, et deux avec ce nom. 3 pi.

272. Du *même*. Paysage en largeur au grand pont de pierre; 1ʳᵉ. et rare ép. av. le nom de *Both*. Le même avec le nom (B. 5). 2 pi.

273. Bopt (Pierre). Le marché au poisson (B. 1). La grande rivière gelée (B. 3). La jetée, pièce rare et bien conservée (B. 5). 3 pi.

274. Braenbrrg (B.). Femme conduisant un jeune garçon, le messager empressé, l'auberge à la grande route (B. 22, 23, 24), trois jolis paysages un peu fatigués.

275. Bronkhorst (J. G.). L'arc des orfèvres, à Rome, pièce belle et bien conservée (B. 21).

276. Brusselles (V.). Quatorze petits paysages à l'eau-forte (C. R. 185).

277. Gabel (Adrien V. D.). Pièces en hauteur : le titre avec l'inscription sur le piédestal (B. 1, 2, 3, 4 et 5). Pièces en largeur : fuite en Egypte, pièce rare (B. 6). Vingt-neuf paysages (B. 9, 10, 13, 14, 15, 16, 17, 18, 20, 26, 27, 28, 29, 30, 32, 34, 36, 37, 38, 39, 40. 42, 43, 44, 45, 46, 47, 48, 49). Saint Bruno et saint Jérôme

(B. 50, 51). Autre paysage non décrit. 38 pi. toutes belles d'ép.

278. DIES (A. C.). (C. R. 236). Vues de la ville Borghèse, des environs de Tivoli et autres. 9 pi.

279. DIETRICH. Cinq études de têtes, et onze paysages. 16 pi., dont deux av. le numéro.

280. DIETZSCH. (C. R. 242). Douze paysages et intérieurs de cours, et huit paysages, par *Echard* (C. R. 269, dernière partie). 20 pi.

281. DUC (J.). Quatre estampes rares et non décrites : Vierge ayant l'enfant Jésus sur ses genoux; Mage à genoux; Mage offrant des présens; Mage tenant un vase. Toutes quatre de même dimension et faisant suite.

282. DUJARDIN (K.). OEuvre complet de ce maître, 2es. ép. avant les planches coupées. Très-bel exemplaire collé sur des feuilles de fort papier de Hollande et teinté.

283. *Du même.* Onze pièces doubles de son œuvre, belles ép.

284. DUNKER. Grands paysages gravés d'après *Hackert*. 8 pi.

285. DURER (Albert). Adam et Eve, en mauvais état (B. 1). Saint Jérôme dans sa cellule, belle ép. (B. 60). 2 pi.

286. *Du même.* La nativité, belle ép. avec deux petites déchirures (B. 2). La mélancolie, belle ép. (B. 74). Le petit courrier (B. 80). Le grand cheval, ép. fatiguée (B. 97). Le cheval de la mort, copie (B. 98). Le canon, gravé sur fer (B. 99). Titre d'un abécédaire. Sainte famille au perroquet, d'après *Albert Durer*. 5 pi. 2 lots.

287. *Du même.* Les effets de la jalousie (B. 73). La mélancolie (B. 74). Le petit cheval (B. 96). Et les numéros 4 et 147 des planches en bois. 5 pi.

288. Dyck (Van). La maîtresse du Titien; les portraits J. Breughel et de J. de Wael, gravés à l'eau-forte. 3 pi.

289. *Du même.* Soixante portraits, très-beaux d'ép.; beaucoup sont avec des remarques et cinq à l'eau-forte. Ce numéro sera divisé s'il ne se trouve pas d'acquéreur pour la totalité.

290. Everdingen (A.). Paysages (B. n°°. 1 à 102); manque les n°°. 5, 42 et 91. 99 pi.

291. Flamen (B. A.). Belles collections d'oiseaux et de poissons réunies en un vol. in-4°. oblong, savoir : livre d'oiseaux dédiés à *M. Fouquet* (B. 81 à 92). 12 pièces y compris le titre; très-belles d'ép. et de conservation. Diverses espèces de poissons d'eau douce, dédiées au même. Douze pièces, y compris le titre; très-belle ép. av. les numéros (B. 37 à 48). Seconde partie des poissons d'eau douce; belle ép. (B. 49 à 60). Première partie des poissons de mer, douze pièces belles (B. 1 à 12). Seconde partie des poissons de mer, dédiée à M. Tronson (B. 25 à 36). 60 p. parfaitement conservées.

292. *Du même.* Paysages, vues des environs de Paris et autres. 45 pi. Plusieurs sont très-belles d'ép.

293. Fock (H.) (C. R. 289). Dix paysages en largeur y compris le titre; ép. av. l'inscription. Deux autres grands en hauteur. 12 pi.

294. *Du même.* Suite de sept petits paysages en largeur. Suite de six autres petits en hauteur et un grand en largeur. 14 pi.

295. Frommel. Vue de l'Etna; grand paysage très-bien gravé au burin, ép. sur papier de Chine.

296. Fyt (J.). Diverses études de chiens. Les n°°. 9 et 10 très-beaux, n°. 8 faible et le n°. 13 rogné. 4 pi.

297. Frisius (Simon). (C. R. 297). Trois paysages et une vue de Saint Pierre d'Amsterdam. Par *Forrester.* Cinq paysages, vues d'Italie. 9 pi.

298. Par *Fischbach*, 5 pi. Par *Friederich*, 3 pi. Par *Glume*, 1 pi. Par *Graf*, 1 pi. Par *Hagedorn*, 13 pi. Par *Hubert*, 2 pi. Ensemble 25 pi.

299. GAUERMANN (J.). (C. R. 300). Six paysages. Les pélerins d'Émaüs sont av. le titre.

300. GENOELS (Abrah.). Les satyres. Une petite rivière occupe le milieu de cette estampe, coulant du fond vers la gauche; elle est bordée de rochers garnis de quelques arbres. A droite, sur le devant, une femme de satyre est assise à terre, appuyée contre un arbre. Au second plan vers la gauche, un satyre veut entraîner une femme dans l'eau. Dans l'angle du bas de la gauche est écrit à rebours, *A. Genoels*. L. 3 p. 7 lig., h. 2 p. Pièce non décrite. Paysage de forme ronde (B. 4). Repos en Égypte (B. 10). Les paysages en hauteur (B. 12, 13, 14, 16, 17, 18, 20, 21, 22 et 23). Suite de paysages en largeur (B. 29 à 32). 20 pi.

301. Du *même*. Les paysages (B. 34, 35, 36, 37; le même double, 1re. ép. et 39). Les jardins (B. 45, 46, 48, 49, 50 et 56). Les paysages (B. 59, 60 et 61); le n°. 61 double et 1re. ép. av. tous noms; n°. 62, le même double; n°. 63, 1re. ép. av. le nom de V. Meulen; le même, 2e. ép.; les n°s. 64 et 66. Les grands jardins et paysages (B. 69, 70, 71, 72, 73). 24 pi.

302. GESSNER (Simon). Sujets d'idylles et paysages. 34 pi.

303. GLAUBER (J.). Vues du Dauphiné (B. 2, 3, 4, 5, 6). Différens paysages (B. 7, 8, 9, 10, 13, 14, 17). Par *J. Gottlieb*, son frère. Une pièce (B. 2). 13 pi. belles d'ép., excepté le n°. 2 qui est faible.

304. GMELIN. Vues d'Italie. 12 pi.

305. GRIMM (L. E.). Études de têtes, animaux et paysages. 25 planches sur 15 feuilles.

306. GROENEWEGEN (G.). Collection de marines et de différens bâtimens hollandais, divisés en 13 cahiers de

q 2 feuilles chaque; plus un cahiers de 24 feuilles modèles de grands canots, par *Ozanne.* Ce numéro for-
mera plusieurs lots.

307. GRONSVELT (J.). Huit paysages à l'eau-forte; beaux
d'épreuve.

308. HACKAERT (J.). Six paysages à l'eau-forte, qui com-
prisent tout l'œuvre de ce peintre célèbre; beaux d'ép.
et bien conservés (B. 1 à 6).

309. HACKERT (J. P.). (C. R. 352.). Quatre grands
paysages en hauteur; représentant des sites près de
Rome.

310. HECKE (V. den). Les chevaux et le bœuf (B. 4).
Le chien et la chienne (B. 5). Le chenil (B. 8). Les
trois vaches (B. 9). Les deux vaches (B. 10). 6 pi.
belles d'ép.

311. HEIMLICH (J. D.). (C. R. 369). Sept paysages, y
compris le titre. Huit vues de Paris, nᵒˢ. 1, 3, 4, 5,
6, 7, 8 et 10. 15 pi. belles ép.

312. HOPFER (Daniel et Jérôme). Homme vu à mi-corps,
la tête tournée vers la droite et coiffé d'une toque
ornée d'un cordon. H. 7 p. 7 lig., l. 6 p. 6 lig. Très-
belle pièce non décrite. Les trois Turcs (B. 59). Par
Jérôme. Hercule déchirant le lion. (B. 26). Très-beau.
Le satyre (B. 31). Le canon, d'ap. Al. Durer. 6 pi.

313. Du même. Jésus crucifié, pi. capitale.

314. HESSEL. Les quatre saisons, par *Loutherbourg*;
les quatre heures du jour et autres. 11 pi.

314. *bis.* JANNIS. Douze vues, d'ap. *Wierenger.*

315. JANSON (J.). (C. R. 394). Vieille avec enfant, pre-
nant une prise de tabac dans une tabatière que lui présente un vieillard; 1ʳᵉ. ép. av. le mur de la maison qui
est à droite. La même, 2ᵉ. ép. et av. les ciels. Paysage
en hauteur, à droite une pièce d'eau dans laquelle sont
trois bœufs; 1ʳᵉ. ép. av. les ciels. Le pendant de la

précédente, av. les ciels. Une pièce en largeur, dans laquelle on voit une femme tenant un enfant; un vieillard est devant elle, ép. av. les ciels; la même épreuve terminée. Le veau debout, ép. av. les ciels; la même terminée. La vache couchée; 1re. ép. av. les ciels, et beaucoup d'autres travaux; la même terminée. 10 pi.

316. *Du même.* Paysages, animaux et sujets. 19 pi. dont 9 en hauteur et 10 en largeur; belles d'ép.

317. *Du même.* Les douze mois de l'année et le titre. 12 pi. (C. R. 395.)

318. JORDAENS (J.). Les vendeurs chassés du temple. Jupiter nourri par la chèvre Amalthée; belle ép. Cacus dérobant le troupeau; belle (C. R. 398). La Madeleine, par *Maes.* Le denier de César et Jésus mort; deux eaux-fortes, par un anonyme. 6 pi.

319. KLEIN (J. A.). (C. R. 402 et suiv.). Figures, sujets et animaux. 20 pi.

320. *Du même.* Figures, paysages et animaux. 26 pi.

321. KLENGEL (C. R. 405 et suiv.). Sujets, paysages et études d'animaux. 15 pi.

323. KOBEL (F.). (C. R. 413 et suiv.). Paysages en hauteur, 26 pi. Sujets divers, 16 pi. 42 pi.

324. *Du même.* Divers paysages en largeur. 32 pi.

325. KOLBE (C. W.). (C. R. 430 et suiv.). Sujets, paysages et animaux; d'ap. *Gessner* et ses propres compositions. 47 pi. 4 lots.

326. Par *Klass, Kock, Konig, Knorr* et autres. 14 pi.

327. LAER (Pierre de). Études d'animaux; très-belle suite de 1 à 8. Suite de chevaux (B. 10, 11, 12, 14 et 17). Plus les copies des nos. 9 et 10. 15 pi.

328. LAUWERS. Mariage de la Vierge; ép. av. la lettre. Les quatre évangélistes, d'ap. Rubens. 2 belles pi.

329. LEEUW (G. H. nos. 17 et 18). Deux paysages, très-rares; et quatre paysages, par P. Bril; même Catalogue, v. 5, p. 179.

330. Livens (J.). Les joueurs où à mort; belle ép. (B. 11).
Portrait d'E. Bonus; médecin (B. 56), et le charlatan,
par *Haeften* (C. R. 350); 1re. ép. 3 pi.

331. Lucas de Leyden. Caïn tuant Abel (B. 13). Vierge
et sainte Anne (B. 79). Madeleine assise au pied d'un
roc; pièce très-rare (B. 123). 3 pi.

332. Du *même*. Le baptême de J.-C.; belle ép. bien conservée, manque seulement deux petits coins (B. 40).
Jésus-Christ présenté au peuple, très-faible (B. 71);
et les nos. 89, 91, 93, 96, 97 trois fois, et le n°. 119.
9 pi.

333. Du *même*. Caïn tuant Abel. Vierge dans une gloire.
Les évangélistes saint Marc et saint Mathieu. Le cavalier et la dame, par *Al. Dürer* ; belle ép. un peu
fatiguée. 5 pi.

334. Muyen (Félix). (C. R.-500). Paysages de diverses
grandeurs. 10 pi. belles d'ép.

335. Meyeringh. Pièces en hauteur (B. 1, 2, 3, 4, 5,
6, 9, 10, 11, 12, 14). Pièces en largeur (B. 15, 16,
18, 19, 20, 21, 22, 23, 24, 25). 21 pi. belles d'ép.
2 lots.

336. Milatz. Six paysages. Par *Mechau*. 8 pièces, Ensemble 14 pi.; quelques-unes av. la lettre.

337. Milet (F.). Son œuvre en 28 pièces (B. 1 à 28).
Très-belles d'ép., avec le nom de *Simon Ex*; le n°. 14
est double. 29.

338. Du *même*. Doubles des pièces ci-dessus; belles d'ép.
(B. 1, 2, 4, 6, 10, 11, 14, 15, 16, 19 et 20). 11 pi.

339. Neye (François de). Divers paysages enrichis de
figures (B. 1 à 7, 12, 13 et 14). 12 pi.; plusieurs sont
belles d'ép.

340. Nolpe (Pierre). La mer orageuse; très-belle estampe, pendant à la digue rompue. Jeune pâtre faisant
marcher devant lui des bestiaux. Ces deux estampes

font partie des mois de l'année. Intérieur d'étable; la marge est coupée. Partie d'une grande frise où l'on voit beaucoup d'ouvriers travaillant à des digues et des canaux. 4 pi.

341. Os (Van). (C. R. 601). Six études de vaches et taureaux. Cheval derrière une palissade. Tête de bœuf. 8 pi. très-belles.

342. Ostade (Adrien Van). Son œuvre avec portrait et titre, le tout collé sur des feuilles de papier de Hollande teinté. Cette collection, à laquelle il ne manque que les nos. 31 et 35 pour être parfaitement complète, est très-précieuse par la quantité de pièces rares avec des remarques peu connues même de Bartsch. Nous en citerons quelques-unes, en suivant les numéros de Bartsch. Les nos. 1, 2 et 3, 1res. ép. avant le trait carré; n°. 4, 1re. ép. avec le fond noir; n°. 5, eau-forte pure; n°. 6, 1re. ép. av. la planche nettoyée; n°. 12, eau-forte pure et avant le trait carré renforci; n°. 14, 1re. ép. av. la retouche; n°. 15, 1re. ép. peu travaillée, le réchaut qui est sur la table couvert d'une seule taille; n°. 17, eau-forte pure av. la planche nettoyée et av. que les ombres sur le fond fussent bien exprimées; n°. 20, 1re. et 2e. ép.; n°. 22, av. le trait carré; n°. 23, 1re. ép. av. que le trait carré fût bien exprimé et av. les contre-tailles sur la poutre; n°. 25, 1re. ép. av. le trait carré et av. le trait du cintre renforci; n°. 26, très-belle et 1re. ép. av. la planche nettoyée; n°. 27, 1re. et rare ép. av. le changement à la vigne; la même, 2e. ép. très-belle; 29, trois ép. des différentes situations de la planche, deux sont rares; n°. 34, 1re. ép. av. la calotte; 36 et 37, 1res. ép. le trait carré mal exprimé; 46, 1re. et rare ép. avec les marches blanches et av. beaucoup de travaux; n°. 50, 2e. ép. avec le bonnet sur la tête de l'enfant, au lieu que dans les 3es. ép. il est nu-tête. 56 pi. Plusieurs sont doubles.

343. PENTCZ (Georges) *et autres petits maîtres*. Par *Am-man*. Quatre pièces du n°. 6. Par *Aldegrever*. Histoire d'Adam, n°. 1, 5 et 6. Histoire de Loth, n°. 14; de Suzanne, 3o et 33. La richesse, 107. Par Beham. Les n°°. 31, 52, 33, 138 et 149. Par *G. Pentcz*, les n°°. 13. 109. De *V. Solis*, les n°°. 54, 55, 56, 6o, 67. Par *C. Mat*, les n°°. 1 et 18. Par *C. Metsys*, les n°°. 3 et 42. Par les *inconnus*, n°. 53. Par *Stefanus*. Une chasse et autres petites pièces par Bruyn, etc. Toutes belles ép. 42 pi. 2 lots.

344. *Des mêmes.* Par *Aldegraver*, 14 pièces diverses. — Des mêmes, 29 pièces toutes originales.

345. PERSELLES (Jean). 16 petites pièces à l'eau-forte, paysans pêcheurs, etc. Plus, le titre double. 17 pi.

346. PLONSKI et PONREIMER. Portraits, études d'animaux et paysages. 29 planches sur 16 feuilles.

347. POTTER (Paul). Le vacher (B. 14). Une ép. avec le nom de Wit, autre ép. avec celui de P. Schenk, et une 3°. ép. avec les deux noms effacés. 3 pi.

348. Du même. Le taureau original et la suite des animaux (B. 1 à 8). Copies par M. Claussin. Sept autres pièces d'ap. P. Potter. 16 pi.

349. Suite de huit animaux, d'ap. P. Potter.

35o. RECHBERGER (C. R., 65 et suiv.). Paysages d'ap. *Dietrich* et de ses propres inventions. 21 pi.

351. REINHART (C. R. 652 et suiv.). Études d'animaux et paysages ; plusieurs premières ép. avec les titres tracés seulement à la pointe. 14 pi., 2 lots.

352. REMBRANDT. Portraits de Rembrandt et de sa femme (B. 19). Son portrait dans un ovale (B. 23). Abraham (B. 33). Joseph racontant ses songes (B. 37). Annonce aux bergers, belle ép. (B. 44). Fuite en Égypte (B. 52). Le denier de César (B. 68). Les musiciens ambulans (B. 119). Mendiant jouant de la vielle (B. 140). Vieillard à grande barbe (B. 265). Portrait

de Lutma (B. 276), Portrait d' Wtenbogard assez bien
d'ép. et d'une bonne conservation (B. 279). Buste de
vieillard assis (321). Griffonnement à la femme de
Rembrandt (B. 365). Plusieurs copies de paysages et
autres. 20 pi., 2 lots.

355. Ridinger (J. E.). Études d'animaux domestiques et
sauvages, anciennes ép. 40 pi.

354. Du *même*. Chevaux, et autres animaux et chasses,
22 pi.

355. Roghman (R.) (C. R. 669 et suiv.). Vues de Hollande (n°. 2, 6, 10, 12, 19, 20 et 24). Paysages, 25,
26, 30 et 32. 11 pi. belles d'ép. Six beaux paysages
(n°. 25 à 40) avec l'adresse de Rolp. 17 pi.; 2 lots.

356. Roos (J. H.). Très-belle suite d'animaux d'une parfaite conservation (B. 19 à 24). 6 pi. Autre suite d'é-
gale beauté (B. 25 à 30). 12 pi.

557. Du *même*. Pièces en largeur (B. 10 et 14). Pièces
en hauteur (B. 19 à 24). 8 pi.

557 *bis*. Du *même*. Autre suite d'animaux en hauteur
(B. 25 à 30); et 2 copies. 8 pi.

358. Ruispael (Jacques). Les paysages (B. 1, 2, 3). Les
n°. 4 et 5, copies. 5 pi.

559. Quaglio (D.). Paysages et vues de Munich. 36 planches.

360. Saft-Leven, Les éléphans, pièce rare un peu fatiguée (B. 33).

361. Du *même*. Une des quatre saisons, l'hiver (B. 25).
Par *V. Goyen*, un paysage (M. H. 336), etc. 4 pi.

362. Sart (Corneille du). Homme et femme ivres, la
ventouse, le chirurgien, le cordonnier, le joueur de
violon, très-belle ép. La fête de village. 6 pi. (B. 7,
12, 13, 14, 15 et 16.)

363. Du *même*. Figure grotesque tenant une torche allu-
mée à l'aquatinta. L'opérateur, l'intérieur de cabaret
et autres, très-belles et anciennes ép. 5 pi.

364. Schmidt (P. F.). Vieille à mi-corps et les mains jointes, *dite* la mère de *Rembrandt*, avec l'année 1762. Buste d'un vieux militaire oriental, portant une cuirasse et coiffé d'un bonnet fourré garni d'une plume et agrafe, sans année. Vieillard avec barbe frisée et moustache, coiffé d'un bonnet, 1750, dédié au *baron Kuobalsdorff*, 3 belles pièces. Portrait de Rembrandt avec bonnet plat. Homme à mi-corps armé d'une lance. 2 pi. par *Riedel*. Tête de vieillard à grande barbe, école de *Rembrandt*, et une contre-ép. du portrait du Lutma. 7 pi.

365. Schuller. La religieuse d'Oviédo, très-belle ép. av. la l. et sur papier de Chine.

366. Smees. Cinq paysages ; les seules pièces gravées par ce maitre ; très-belles d'ép. et peu connues.

367. Du *même*. Pièces doubles des n°s. 1, 3 et 5. 3 pi.

368. Soutman. Silène ivre soutenu par des satyres, d'ap. *Rubens* ; très-belle ép. avec marge. Jupiter et Antiope, d'ap. *V. Dyck.* 2 pi. *Soutman, Storer* et *autres*. Jésus arrêté dans le jardin des Oliviers, d'ap. *V. Dyck* ; belle ép. av. le nom de *Soutman*. Diane et ses nymphes, bacchanales, etc. 5 pi.

369. Stoop (Th.). Études de chevaux (B. 1 à 12). 12 pi.

370. Suyderhoef. Les quatre bourguemestres recevant l'envoyé de Catherine de Médicis. Le chanteur, d'ap. Ostade. 2 pi.

374. Du *même*. Les comtes et comtesses de Flandre, et autres portraits ; beau d'ép. 7 pi.

375. Swanevelt (Herman). Collection de petits paysages dans des formes ovales ; suite complète et rare (B. 1 à 24). 24 pi.

376. Du *même*. Vues hors de Rome. Suite de 13 estampes dédiées aux vertueux. 1res. ép. avec le mot *excudit* après le nom du graveur, et d'une très-belle conserva-

```
Recapitulation
Mr. Jausse ————— 4363
Mr. Boule ————— 625
Mr. Dumanoir ——— 1634.3...
Mr. Marchand ——— 190
Mr. Bertin ———— 1750
Mr. W ————— 1625.35
Mr. Rocca ———— 112
Mr. Diody ———— 40.15
Mr. Freton ———— 228
Mr. Durand ———— 217.50
ler heureu ———— 37
Mr. Graille ———— 18
Mr. Turpin ———— 387
            ——————
            10627.3...

payé marchand ——— 190
Bertin ————— 1750
heureu ————— 37
            ———
            1977
```

tion; elles portent de 4 à 6 lignes de marge. Sur les marges et dans le fond se trouvent beaucoup de petits traits qui caractérisent les 1res. ép. (B. 53 à 63). 13 pi.

376 *bis*. Du *même*. Suite des animaux (B. 26 à 32); belles ép. avant le nom d'Audran, excepté le n°. 26. Les satyres (B. 33), et saint Jean dans le désert; copie par Goyrand (B. 34). 9 pi.

377. Du *même*. Paysages avec des sujets saints et de la mythologie, autres avec fabriques, etc. (B. 79, 85, 89, 90, 96, 97, 98, 99, 100, 104, 107, 110). Douze pièces bien conservées; 1res. ép. avec le mot *excudit*.

378. Du *même*. Dix paysages; 2es. ép. avec l'adresse de *Bonnart* (B. 82, 83, 84, 86, 87, 91, 92, 93 double, 94, 95). Les n°s. 82 et 86 sont un peu rognés; mais ils sont d'une telle beauté, que nous n'hésitons pas à les placer avec les 2es. ép.

379. Du *même*. Diverses vues hors de Rome (B. 38, 39, 42, 43, 44, 45, 47 et 48). Celles qui conservent leurs marges portent l'adresse de Bonnart; n°s. 50 et 52 faibles. Les quatre sujets de l'Ancien-Testament (B. 66 à 69); belles ép. avant le nom de Mariette. Pan et Syrenx (B. 70). Copié par *Goyrand*. Salmocis et hermaphrodite (B. 71). 16 pi.

380. Du *même*. Paysages avec des sujets (B. 105, 108, 109, 111; 2°. et 3°. ép.; 112, 113, 114, 115). 8 pi. Plusieurs avec l'adresse de *Bonnart*. Les n°s. 1 et 2 des pièces attribuées. 12 pi.

381. Du *même*. Paysages avec des sujets saints et profanes, fabriques, etc. 20 belles ép.

382. Par *Swidde*, *Schutz* et *Schweyer*. Divers paysages; vues du Rhin, etc. 7 pi.

383. Par *Stark*, *Steimer* et autres. Dix-neuf pièces à l'eau-forte.

384. TENIERS (David). Intérieur de cuisine (C. R. p. 369,

n°. 14). Les tireurs d'arc (d°. n°. 57), Figures, sujets, etc., d'ap. Teniers, par *C. Boel* et autres. 24 pi.

385. Uden (L. V.). Le chariot embourbé (B. 48);
belle et 1re. ép. avec le mot *excudit* après le nom du
graveur; et av. l'adresse de *F. Wyngaerd*, remarque
non connue de Bartsch. Paysage, d'ap. le *Titien*
(B. 54). Paysages, d'ap. *Rubens* (B. 57, 58 et 59);
beaux d'ép. 5 pi.

386. Umbach (C. R. 793). Paysages, animaux et ruines,
8 pi.; et deux pièces, par *Ossenbeck* (B. 2 et 57);
ép. av. le n°.   . 10 pi.

387. Uytenbrouck. Paysages et sujets (B. 27, 59, 45,
48, 56, 57); et le berger assis près du ruisseau, non
décrit dans Bartsch (C. R. p. 388, n°. 60). 7 belles ép.

388. Valcker. Un homme déguisé en folie, tenant une
femme entre ses bras; pièce rare. Homme qui bâille,
dans une forme ronde. 2 pi.

389. Velde (Adrien Van). Suite d'animaux (B. 1 à 10).
10 pi.

390. Velde (Israël V.). La construction de la digue;
grande eau-forte presqu'au trait.

391. Velde (Jean V.). La nuit du carnaval; très-belle
ép. (C. R. 806). Un chantier; effet de nuit avec feu
allumé. Autres paysages et sujets, par le même, et
autres. 10 pi.

392. Vlieger (Simon). Suite rare de dix pièces; études
d'animaux d'une belle conservation et grandes marges;
un peu faible d'ép. (B. 11 à 20.)

393. Vliet (Van). Buste de jeune homme aux cheveux
frisés (B. 19). Buste de vieillard oriental (B. 24);
très-belles ép. et autres. 4 pi.

393. Du même. Les métiers, les marchands et autres sujets, par V. Vliet et d'ap. lui. 32 pi.

394. Viscber (Corneille). Le violonneur; beau d'épi et
bien conservé.

395. *Du même.* Les musiciens ambulans; bonne ép. de la seconde situation de la planche. La fricasseuse, le chat, belle ép. Le troupeau, intérieur d'auberge, et l'enfant tenant un chat, par *L. Vischer.* 6 pi.

396. Vischer (Jean). Quatre paysages avec animaux, d'ap. *Berghem.*

397. *Du même.* Vingt-six paysages et animaux, d'ap. *Berghem.* 2 lots.

398. *Du même.* Collection de marines et paysages, d'ap. V. Goyen; très-beaux. Collection de ports de mer, par *Place.* 18 pi.

399. Wael (J. B. de) le vieux. Son œuvre (B. 1 à 14); manque le n°. 12. 13 pi.

400. *Du même.* Son œuvre (B. 1 à 14); 2°. ép. avant les adresses effacées. Histoire de l'enfant prodigue (C. R. 854), n°°. 15 à 18. L'arracheur de dents et les joueurs de cartes (d°. 855). La rixe, l'homme fouetté sur l'âne, le mulet tombé et l'intérieur de cabaret, d'ap. *G. de Wael.* 24 pi., 2 lots.

401. Waterloo. Vingt-neuf paysages, la plupart faisant partie des suites du n°. 1 à 42; belles ép.; plusieurs avec des remarques.

402. *Du même.* Paysages rares dont les planches ne sent pas dans le commerce. N°°. 43, 44, 45, 46, 73, 77, 78, 79, 80, 81, 82, 83, 84, 85, 86, 87, 88, 95, 96, 98, 100, 104, 105 et 106. 24 pi., belles ép.

403. *Du même.* Grands paysages, tous d'anciennes et belles ép.; n°°. 107 à 113, 115 à 121, 125 à 130. 22 pi.

404. *Du même.* Son œuvre composée de 90 pièces; bonnes ép.

405. Winter (G.). (C. R. 881.) Suite d'animaux, n° 2 à 12. Études de cerfs; 7 pièces, y compris le titre, cinq sont av. la l, 18 pi.

406. Wittingoff (C.). Suite d'animaux gravés à l'eau-
forte, avec beaucoup de finesse et d'esprit. 16 pi.

—407. Du *même*. Autres études d'animaux. 25 pi.

407 *bis*. Wierix. Dieu le père soutenant le Christ mort.
J.-C. dans sa gloire, adoré par des saints. La Madeleine
au pied de la croix. Les quatre évangélistes. 7 pi.

407 *ter*. Zeeman (R.). Suite de huit estampes du n°. 1
à 8; belles et bien conservées.

408. Du *même*. Différentes vues de la ville d'Amsterdam,
faisant partie de la suite, n°. 47 à 54. Très-belle suite
complète des vues des environs de Paris, n°. 55 à 62.
Quelques navires de différentes suites, et autres vues.
21 pi.

409. Collection de *fac-simile* des dessins et des estampes
d'Ostade, gravés à l'aquatinta; très-bel exemplaire
collé, sur fort papier de Hollande. 95 pi. Cet ouvrage
est peu connu dans le commerce.

410. Une pièce, par *J. de Meeken* (B. 37). Une sibylle,
par *J. Duvet*, et une grande pièce représentant un
sabbat de démons sous des formes bizarres, par un anonyme, d'ap. *Breughel*. 3 pi.

411. Le dogue couché et les trois chiens, par P. V. H.,
n°ˢ. 1 et 10. La tentation de saint Antoine, par *André
Both*; un peu fatiguée. Deux pièces, par *Brauer*, et
trois copies, d'ap. le même, et une petite pièce attribuée à *Wouwermans*. 9 pi.

412. Paysages, marines et animaux, par Joseph *Meyer*,
Overbeck et autres. 17 pi.

413. Paysages et sujets, par *C. du Sart*, *Genoels*, *Gessner* et autres. 34 pi., 2 lots.

414. Un très-beau paysage, par François *Kobell*; deux
par *Rysbraek*; un, par *Moyaert*, et trois anonymes. 8 pi.

415. Paysages, marines, fabriques, etc., par *Cok*, J. V.
Velde et autres. 28 pi.

416. Suite de cinq paysages, dédiés à M. Pierre; trois

autres dédiés à M. de Carnitz, par *Reclam*. (M. H. vol. 2 p. 189). Un paysage montueux, par *Lubieniczky*. (d°. vol. 2, p. 26). 9 pi.

417. Huit eaux-fortes, dont une rare, par *Binder;* les autres par *Müller*, *Orlowsky*, peintre russe, et *Wischer*.

418. Gravures à l'eau-forte et au burin, par de *Widt*, *Leidensdorff* et autres.

419. Études d'animaux à l'eau-forte, dont 2 par M. de *Bye*, avant les petits numéros. Deux très-jolies pièces par *Butthuis*, six par *Muller*, et autres. 29 pi.

420. Eaux-fortes, par *Herregoudt*, *Orley* et *Quellinus*. 15 pi.

421. Grands paysages, par *Hondius*, *Londersel*, de *Bruyn* et autres. 30 pi., 2 lots.

422. Vingt-cinq eaux-fortes, par *Pannels*, *C. Schüt* et autres.

423. Dix-neuf pièces, par *Bargas*, *Goyrand* et *Musculus*.

424. Sujets militaires, batailles, paysages, monumens, etc., d'ap. *Wouwermans*, *P. Laer*, *Francisque* et autres. 14 pi.

425. Paysages marines, et autres, par *Jode*, *V. Voet* et autres.

426. Très-joli paysage, par un anonyme. Études de paysage et d'arbres, par *Bœch*. Bords d'un canal et palais, 2 pi., par *Bauer*. Quatre vues de palais et autres, par *Bleyswyck*, et quatre paysages, par *Jean Lutma*. 17 pi.

427. Silène ivre, d'ap. Rubens. Renauld et Armide, d'ap. V. Dyck, et le gâteau des rois, d'ap. *Jordaens*. 3 pi.

428. Sujets divers, d'ap. *Mieris*, *Ostade* et autres, par *Blomaert*, *Bolswert*, *Klauber*, etc. 13 pi.

429. Diverses pièces, par *Bary*, *Nothnagel*, *Wosterman* et autres. 15 pi.

430. Paysages et sujets, par *Bissel*, *Durer* et autres. 24 pi.

431. Quinze pièces eaux-fortes, par *Lairesse*, *Steen*, *Wyngaerde* et autres. 16 pi.

432. Vingt-quatre petits sujets, gravés à l'eau-forte, par *Netter* et *Rode*.

433. Paysages, par *Gronsvelt*, *Merian* et *Nieulant*; beaux d'ép. 41 pi.

434. Paysages, études d'animaux, et autres, par M. de *Bye-Echard*, *Hackert*, etc. 42 pi.

435. Paysages et animaux; la plus grande partie d'ap. *Berghem*, par le *Bas*, *Dankerts* et *Vischer*. 25 pi.

436. Marines, paysages et animaux, etc., d'ap. *Berghem*, *Both*, *Ruisdael*, *Teniers*, *Wouwermans*, *Vernet* et autres. 20 pi.

437. Sujets pieux et autres, par *H. Goltzius*, *C. Galle*, *Pontius* et autres. 20 pi.

438. Paysages, marines et animaux, par les *Sadeler* et autres. 75 pi.

439. Batailles, paysages, etc., gravés à l'eau-forte; par *Buaer*, *V. Kessel* et autres. 26 pi.

440. Seize pièces, par *Bloemaert*, *Diepenbeck*, *Saenredam* et autres. 16 pi.

441. Allégories très-curieuses, paysages, etc., par *Th. de Bry* et autres. 11 pi.

442. Environ deux cents estampes, dont plusieurs par *K. Dujardin* et *Waterloo*; beaucoup d'ap. les *Caraches*, *Titien* et autres. 6 lots.

443. Eaux-fortes diverses, par *Berghem*, *Dietrich*, *Vischer* et autres. 16 pi.

444. Saint Pierre ressuscitant Tabite, Jésus mis au tombeau, Jupiter et Antiope, Saint Chrysostôme, Martyre de saint André. Grands paysages, etc., 16 pi. d'ap. P. Veronese, le Titien, Rubens, V. Dyck, P. Bril; et autres par Bloemart, Debruyn, C. Cort, Sadeler, etc.

Gravures sur bois.

445. *Anonyme.* Plan d'une ville (B. v. 9. p. 440). Circoncision (B. v. 7, p. 485). Un apôtre sur une barque, prêchant à des païens ; très-belle est. (B. v. 7, p. 492). Par *Urs Graff,* une petite frise. Par *Aldorfer,* 2 pi. (B. 17 et 60). Par *Brosamer,* une pi.; belle ép. (B. 15). *Grün,* Adam et Eve (B. 1). Silène ivre (B. 45), et autres non décrites. 14 pi.

Divers sujets, vignettes et frontispices de livres; 26 pi., toutes d'une grande ancienneté. Par *Al. Durer,* quatre pièces (B. 80, 102, 170, et le n°. 52 de l'appendice. Armoiries, n°. 170, du catalogue Saint-Yves. Par *Lucas Cranack,* deux pièces (B. 2 et 125). 7 pi.

ÉCOLE FRANÇAISE.

446. M. *Allais.* La leçon d'Henri IV, d'ap. M. *Fragonard*; ép. av. la l. et sur papier de Chine.

447. *Du même.* Van Dyck peignant son premier tableau, d'ap. M. *Ducis*; ép. de choix av. la l. et sur papier de Chine.

448. *Du même.* Maladie de Las Casas, d'ap. M. *Hersent*; ép. av. la l. et sur papier de Chine.

448 *bis.* *Audran* (Benoist). Les sept sacremens, d'ap. le *Poussin*; beaux d'ép. sans marges.

449. * M. *Avril.* Combat des Horaces contre les Curiaces, et Coriolan cédant aux prières de sa mère, d'ap. *Lebarbier*; ép. av. la l.

450. *Balechou.* La tempête; belle ép. av. les contretailles; sous la voûte de gauche et sur le rocher de droite, et les baigneuses; belle ép. av. les tailles sur le titre. 2 pi.

451. * *Du même.* Portrait du roi de Pologne, sans marge.

452. *Bas* (le). Les pêcheurs, le marché, etc., d'ap. Teniers. 4 pi.

453. Bauduins. Paysages, études de chevaux, et autres,
d'ap. *V. Meulen ;* 53 ép. 2 lots.

454. * Beauvalet. La lecture et la conversation espa-
gnole; ép. av. la l.

455. * *Du même.* Les brodeuses et pendant, et la mar-
chande d'amours; 3 est. av. la l.

456. Bosse (Abraham). Costumes et sujets divers. 22 pi.

457. Bourdon (Seb.). Sujets de l'histoire sainte; 13 est.
Paysages gravés par lui-même et d'après ses compositions; 11 est. 24 pi.

458. Callot (J.). (C. R. 196 et suiv.) Le massacre
des innocens; très-belle ép. av. le nom du graveur. Divers sujets de la vie de Jésus-Christ, prédication de
saint Nicolas, etc. 15 pi.

459. *Du même.* Les grandes misères de la guerre, 18 pi.
très-belles; les petites misères, 7 pi.; batailles, 2 pi.;
ensemble 27 pi.

460. *Du même.* Exercices militaires; les sept péchés ca-
pitaux; les seigneurs et les dames; femmes et man-
dians. 52 pi.

461. *Du même.* Portrait équestre de L. Bourbon; neuf
paysages et chasses, belle ép.; la grand chasse au cerf;
grande fête donnée dans la rue Neuve de Nancy; le
parterre de Nancy; les supplices; belle ép., et la petite
vue du Pont-Neuf, av. les fonds. 15 pi.

462. *Du même.* Les Bohémiens et les maraudeurs; très-
belles ép. 4 pi.

463. Coqueret. Virginius; grande est., d'ap. M. *Lethier,*
gravée à l'aquatinte. Deux exemplaires, un est av. la l.

464. Courtois (J. dit *le Bourguignon*). Grand combat
de cavalerie; halte, marche et combat de cavalerie.
5 pi. (M. H. v. 7, p. 180.)

465. M. Demarne. Études d'animaux et paysages. 9 pi.

466 * M. Desnoyers. Le Bélizaire; très-belle et brillante
ép. av. toutes retouches.

467. Du *même*. Portrait de Napoléon en grand costume, d'ap. M. *Gérard*; superbe ép. avec l'aigle.

468. DREVET. Portraits de Pierre Pallet, du cardinal de Bullion, du cardinal de Rohan, de Rigaud, de M. Sèrre, de Marie, souveraine de Neufchâtel. 9 pi.; plusieurs belles d'ép.

469. M. DUNOUY. Dix-neuf feuilles, paysages, auxquelles nous avons joint onze pièces; par *Zix*. 26 pi.

470. DUPLESSIS-BERTAUX. Vues pour le voyage de Saint-Non; sujets divers et autres; 46 est. terminées et non terminées.

471. Du *même*. Campagnes d'Italie, et autres sujets militaires. 22 pi. non terminées, et le portrait de Buonaparte à cheval, par *Copia*. 23 pi.

472. EDELINCK. Portrait de Philippe de Champagne.

473. Du *même*. Les portraits du duc de Penthièvre, de P. Bignon, de Santeuil, de Monsart et autres. 9 pi.; belles ép.

474. Du *même*. Les portraits de Nanteuil, Goltzius, Tortebat, Crispin et autres. 10 pi.

475. Du *même*. Les portraits de M. Letellier, de Ph. de Champagne, et autres. 4 pi.

476. Du *même*. Les portraits de Parderbonne, évêque; 1re. ép. av. la 4e. ligne; de La Fontaine et Silvestre. 5 pi.; belles d'ép.

477. FICQUET. Les portraits de Bossuet, Buffon, Chenevière, Corneille, Crébillon, Descartes, C. Eisen, A. Farnèse, Fénélon, d'Harcourt, La Fontaine (*pour les fables*), Montaigne, Regnard, J.-B. et J.-J. Rousseau, Vadé, le Vayer et Voltaire. 18 pi., 2 lots.

478. FOCUS. Suite de six paysages et cinq autres, d'ap. le *Poussin*. 11 pi.

479. * M. FORSTER. Didon, d'ap. M. Guérin; belle ép. fraîchement encadrée.

Du même. L'Aurore et Céphale, d'ap. M. Guérin;

480. FREY (Jean de). (C. R. 293 et suiv.) Études de têtes, figures et sujets, d'ap. G. Dow, Rembrandt et autres; très-belles ép. 18 pi.

481. GAUTIER (Léonard). Jugement dernier, d'ap. M. Ange; belle ép.

482. GELLÉE (Claude, dit *le Lorrain*). (C. R. 302.) Il campo vaccino (n°. 5). La mer orageuse (n°. 6). La tempête : au milieu de la mer est un roc sur lequel se trouve une tour en ruines (n°. 8). Le troupeau de quatre bœufs, chèvres et moutons (n°. 10). La danse au son de la cornemuse (n°. 11). Port de mer avec grandes arcades à droite (n°. 12). Paysage au pont de bois (n°. 15). Port de mer; à gauche un arc de triomphe (n°. 16). Bergère montée sur un âne, conduisant un troupeau (n°. 17). Le troupeau traversant la rivière à gué (n°. 18). La danse des bergers au son du tambour de basque (n°. 19). Le chevrier (n°. 25). Griffonnement au milieu duquel est une femme assise. 13 pi.; en grande partie belles d'ép., 3 lots.

483. M. GODEFROY. L'Amour et Psyché, d'ap. M. Gérard; très-belle est. av. la l.

484. M. JAZET. S. A. R. Mgr. le duc d'Orléans passant la revue du 1er. régiment de hussards, d'ap. M. H. Vernet.

485. *Du même.* Le soldat laboureur, d'ap. M. H. Vernet; ép. av. la l.

486. M. JOHANNOT. Les orphelins, d'ap. M. Cheffer; ép. av. la l.

487. M. LAUGIER. Le passage des Thermopyles, d'ap. M. David; belle ép.

488. *Du même.* Mort de Sapho, d'ap. M. Gros; ép. av. la l. et sur papier de Chine.

489. M. LEMAITRE. Grand paysage dans lequel on voit

Pluton enlevant Proserpine, d'ap. M. *Rémond*; ép. av. la l.

490. M. Lignon. Buste de la Madeleine, d'ap. le *Guide*; ép. av. la l. et sur papier de Chine.

491. Manglard (A.). (C. R. 475.) Romulus et Rémus trouvés par les bergers; vues de Rome, marines et combats. 19 pi. av. les numéros.

492. Marcenay. (C. R. 476.) Tobie recouvre la vue. Régulus. Testament d'Endamidas. Combat de cavalerie, et paysages. 25 pi.

493. Du *même*. Henri IV, Bayard, Béthune, Charles I*er*., roi d'Angleterre, Charles V et Charles VII, rois de France, et autres portraits; plusieurs sont av. la l. 15 pi.

493. *bis*. Du *même*. Tobie. L'Amour fixé, un paysage et deux portraits. 5 pi. belles d'ép.

494. * Massard. L'enlèvement des Sabines, d'ap. *David*; très-belle ép.

495. Mauperché. Paysages, monumens et sujets. 17 pi.

496. Montaigne. Trente-deux paysages.

497. Morin. Une Vierge, d'ap. *Philippe de Champagne*; belle ép., et divers paysages. 15 pi.

498. Du *même*. Huit portraits; plusieurs beaux d'ép.

499. Moreau (L.). Études de paysages spirituellement exécutés à l'eau-forte. 31 pi.

500. M. Muller. Psyché enlevée par les amours, d'ap. Prud'hon; ép. av. la l. et sur Chine.

501. Nanteuil. Marie, reine de Pologne, H. d'Orléans, le moine et autres. 4 pi.

502. Du *même*. Le cardinal Mazarin, Voiture et autres. 5 pi.

503. Du *même*. Le Tellier, Bossuet, Medavy et Puteanus. 4 portraits; plusieurs très-beaux.

504. Du *même*. Louise-Marie, reine Pologne, et le grand Condé. 2 pi. belles d'ép.

505. *Du même.* H. d'Orléans, de Scudéri, et autres. 6 pi.
506. *Du même.* Anne d'Autriche, reine de France; belle et rare ép. av. le guillemet.
507. * La Motte, le Vayer; belle ép.
508. * *Du même.* De Beaumanoir, le président Jeannin, payen des Landes, beau d'ép.; de Clermont-Tonnerre; ép. av. la l. Mlle. d'Orléans; Christine, reine de Suède, et autres. 8 pi.
509. M. Pigeot. Les Sabines, d'ap. *David;* et Phèdre, d'ap. M. *Guérin;* ép. av. la l. et sur pap. de Chine, faisant partie des prix décennaux. 2 pi.
510. Pillement. Six vues d'Italie, d'ap. Bourgeois. 6 pi.; une est av. la l.
511. * Porporati. Agar renvoyée; ép. av. la l.
512. * La Suzanne au bain; ép. av. la l.
513. * Le coucher; ép. av. la l.
514. * Herminie et le berger, et le pendant. 2 est. av. la l.
515. Garde à vous; belle ép.
516. M. Rinault. Portrait de Napoléon en petit costume, faisant partie du sacre; ép. av. la l. et sur pap. de Chine.
517. M. Richomme. Neptune et Amphytrite, d'ap. *J. Romain;* belle est. de la Société des Amis des Arts; ép. d'artiste avec les noms à la pointe et sur p. de Chine.
518. * *Du même.* Thétis portant le casque d'Achille, d'ap. M. *Gérard;* belle ép.
519. * Galathée sur les eaux, d'ap. *Raphaël.*
520. * *Du même.* Andromaque, d'ap. M. *Guérin;* belle ép.
521. M. Ruhierre. Frontispice du second volume du Grand Voyage d'Égypte; ép. av. la l. et sur p. de Chine; pièce rare.
522. Savart (P.). Les portraits de Catinat, de madame Deshouillières, de Fénélon, du cardinal de Richelieu, du Tasse. 6 pi.

523. Silvestre (J.). Grandes vues de Fontainebleau, de Chambord et du Palais-Royal. 11 pi.

524. Du même. Vues d'Italie. 86 pi.

525. Par le même, Perignon et autres. Vues d'Espagne, paysages, etc. 98 pi.

526. M. Sixdeniers. Propezia da Carpi montrant son dernier ouvrage de sculpture, d'ap. M. Ducis; ép. av. toutes l. et sur pap. de Chine.

527. Vernet (Joseph). Le coup de vent, le port de mer, 2 est. en largeur; et les pêcheurs, est. en hauteur. 3 pi. à l'eau-forte.

528. * Wille (G.). Cléopâtre se donnant la mort.

529. Du même. La mort de Marc-Antoine, les soins maternels et les délices maternelles. 3 pi.

530. Du même. Le concert de famille; belle ép.

531. Du même. Saint Florentin et Massé, av. l'adresse; 2 belles ép.

532. Du même. Portraits de Quesnay de Belle-Isle, de Valdemar, et autres. 6 pi.

533. Du même. Paysages gravés à l'eau-forte et au burin. 18 pi.

534. Du même. Autre suite de paysages; plusieurs avec des remarques. 21 pi.

535. Les quatre heures du jour, gravées à l'eau-forte, par Lebrun; huit scènes familières, par Dassonville; cinq paysages, par La Hire; trois d°., par Bechon-de-Rochebrune et autres. 28 pi.

536. Eaux-fortes diverses, par Belange, Boucher, Brebiette, Coypel et Vien. 26 pi.

537. Paysages à l'eau-forte, par Grobon, Larive, Saint-Félix, Fabre et autres. 35 pi.

538. Paysages et pièces diverses à l'eau-forte, par Dominique Barrière et autres. 40 pi.

539. Eaux fortes diverses, par M. Claussin, Bizemon, Denon et autres. 44 pi.

540. Eaux-fortes, par MM. Fragonard, Hutin, Norblin et autres. 26 pi.

541. Ports de mer, par Ozanne et le Gouaz. 30 pi.

542. Vues de Suisse, d'Italie, paysages et sujets, par Baugean et autres. 58 planches sur 40 feuilles.

543. Diverses vues du Musée des Antiques, figures académiques pour les grands prix de gravure, etc. 9 pièces, par MM. Forster, Potrelle, Reville et autres.

544. Paysages et sujets gravés d'ap. *Casas*, *Daghet* et autres; plusieurs av. la l. 18 pi.

545. Assomption de la Vierge, entrée d'Alexandre à Babylone, l'Académie des sciences, la toilette de Vénus, le concert de famille et le portrait de Frédéric II, roi de Prusse. 6 pi., par Leclerc, Mossard, Strange et Wille.

546. Jésus-Christ et les quatre évangélistes, par *T. deLeu*.

547. Estampes diverses, d'ap. Lebrun, Greuse et autres; par Chauveau, Pailly, Viguet, etc. 8 pi.

548. Vingt-cinq pièces à l'eau-forte, par *Belange*, Brebiette, Calot, La Hire, Luyken et autres.

549. Diverses pièces à l'eau forte, par Audran, La Belle, Silvestre et autres. 80 pi.

550. * La Madeleine, la mort de Marc-Antoine et trois dessins, dont deux par Gandolfi. 5 pi.

551. Sainte famille, Circoncision et saint Jean, d'ap. le *Guide*, *Poussin et Mengs*. 3 pi.

552. La résurrection de Lazare, la liberté du braconnier, l'enfant gâté, etc. 9 est.; plusieurs av. la l.

553. * Le départ et l'arrivée du messager, Geneviève de Brabant, Le peintre, vue du Panthéon à Rome, la fontaine des Amours. 6 pi.

554. Le retour des champs et la première leçon d'amour fraternel, par *Ingouff* et *Delaunay*. 2 pi. av. la l.

555. Portraits du général Monnier, du duc de Choiseul, bataille d'Austerlitz, par *David*, etc. 4 pi.

556. * Le garde scrupuleux, la leçon de musique, la douce
   résistance, Pâris et Hélène, etc. 5 pi.
557. Le sacrifice de la rose, Paul et Virginie, la senti-
   nelle endormie, la leçon de botanique, etc. 1 pi.
558. Le retour du laboureur, la liberté du braconnier,
   mort de Marc-Antoine, Jupiter et Io, à l'aqualinte,
   l'enfant égaré, av. la l. 5 pi., 2 lots.
559. Paysages, par Vivares, Gandolfi et autres. 10 pi.
560. Paysages à l'eau-forte et au burin, par Audran,
   Poilly et autres. 80 pi.
561. Paysages, animaux, monumens, etc., par Lefèvre,
   le Pautre et autres. 92 pi.
562. Dix pièces, par *Ingouf, Volpato* et autres; plusieurs faisant partie de la galerie de saint Bruno.
563. Architecture, ornemens, vignettes, etc., formant
   environ 1300 est. qui seront divisées en plusieurs lots.
564. Costumes, arts et métiers, depuis les années 900
   jusqu'en 1500, d'ap. Stradan et autres. 36 feuilles.
565. Par *Mellan, le Prince, Vignon* et autres. 100 pi.
   à l'eau-forte et au burin.
566. Les petites batailles, par *Leclerc*, les noces de Cana,
   études de figures, ornemens, etc. 90 pi.
567. Estampes coloriées. 10 pi.
568. Quatre belles lithographies, d'ap. *Girodet*, représentant la force, la justice, l'éloquence et la valeur;
   ép. av. toutes lettres et sur papier de Chine.

PORTRAITS.

569. Généraux vendéens, le prince de Talmont, M. de
   Lescure, Henri et Louis de Larochejaquelin, J. Cate-
   lineau, Charette et Beauchamps. 7 pi., plusieurs sur
   papier de Chine.
570. Quinze portraits gravés par MM. *Desnoyers, Morghen, Lignon, Audouin* et autres.

571. Le portrait d'Alb. Durer, par M. *Forster* et autres, dont un av. la lettre et sur papier de Chine.

572. Six portraits gravés par *Audran* et autres. Catinat, Catherine Germain, le Camus, Vergenne, etc.

573. Henri IV, la reine de Prusse, le comte d'Arundel et le maréchal Ney; quatre portraits, par M. *Tardieu.* Deux font partie de la galerie du Palais-Royal.

574. Louis XV, Louis, duc d'Orléans, Catherine Mignard, Mlle Pelissier, etc. 6 portraits par *Daullé.*

575. Six portraits, par *Saint-Aubin*, dont trois av. la l.

576. Le cardinal de Polignac, de Pardaillan, Delaunay, etc., gravés par Chereau, d'ap. Rigaut et autres. 4 pi. belles.

577. Le cardinal Dubois, R. de Cotte, Hélène Lambert et autres. 8 portraits, dont trois par *Drevet.*

578. Dix portraits av. la l., par Blot, Mecou, Poilly et autres.

579. Masséna, Kléber, Bernadotte, etc. 8 portraits, dont 6 par Fiesinger.

580. Portraits des anciens rois de France et autres, 90 pi.

581. Portraits de papes, rois, princes, peintres, savans, etc., par *Mathan*, *de Jode* et autres.

582. Rois, reines, savans, peintres, etc. 48 pi.

583. Trente portraits, par *Chereau*, *Duflos*, *Lanfant*, Sadeler et autres.

584. Sept portraits, par *Audran*, *Pesne* et autres.

585. Divers portraits, par *Morin*, Poilly et Roullet. 15 pi.

586. Dix portraits, par N. Della Casa, Bloteling, Van Gunst, Muller et autres. Ce lot est fort intéressant.

587. Louis XIII à cheval, par *Michel Lasne*, les fonds par *Callot*; très-beau portrait.

588. Vingt-neuf portraits, par Hollar, C. Galle, Mellan et autres; plusieurs sont intéressans et rares.

589. Dix beaux portraits, par Goltzius, Vischer et Vosterman.

590. Portraits de souverains, princes, etc. 35 pi.

591. Portraits de Richelieu, Doria, Nostradamus et autres. 5o pi.

592. Onze portraits, presque tous in-fol., par *Van Schuppen* et Vermeulen; beaux.

594. Portraits d'Al. Durer, La Bruyère, Corneille, Pascal, Sévigné, Turenne, Charles Stuart, etc., par *Delvaux*, Vangelisti et autres. 20 pi.

595. Portraits, d'ap. V. Dyck, par *de Jode* et Pontius. 9 pi.

596. Portraits de personnages célèbres, la plupart faisant partie de la galerie Richelieu. 46 pi.

597. Treize portraits, par Hollar, Muller, Vosterman, V. Schuppen et autres. 13 pi.

598. Louis XIV, Descartes, Poussin, Rouillé de Brisacier, etc., par *Edelinck*, *Masson*, *Pesne* et autres. 10 pi.

ÉCOLE ANGLAISE.

599. BARTOLOZZI. Jugement de Pâris; Vénus et les Grâces, d'ap. *Ang. Kauffman*.

600. Du *même*. Quatre estampes, d'ap. *Cipriani* et *Ang. Kauffman*; ép. av. la l., parmi lesquelles se trouve le frontispice des pierres gravées du cabinet de Malbourough, pièce rare.

601. Du *même*. L'apothéose d'un enfant; la griselda et la bergère des Alpes. 5 pi.

602. EARLOM (R.). Sainte famille, d'ap. *Rubens*; le duc d'Arenberg à cheval, d'ap. V. Dyck; belle ép.

603. HOLLAR. Vierge et enfant Jésus entourés d'anges; saint Jean, saint Hubert et deux autres saints. 2 pi.

604. Du *même*. Incrédulité de saint Thomas, belle es-

tampe d'ap. *Salviati*; la Madeleine en prière, d'ap. *Van Avont*; très-belle ép: 2 pi.

605. Du *même*. Tombeau érigé à la mémoire de Philippe IV, vu sur deux faces différentes, et de celui de Thomas Holvardi. 5 pi.

606. Du *même*. Grande fête et réunion de peuple en Hollande, d'ap. Vyngaerd. Deux ép.; la 1re av. le changement au cartouche, très-rare.

607. Du *même*. Diane endormie, d'ap. *Pontius*; belle ép.

608. Du *même*. Soixante-douze pièces pour l'histoire d'Énée; vignettes, culs-de-lampes, cattes, etc.

609. Du *même*. Portrait de Charles II, roi de la Grande-Bretagne, d'ap. V. Dyck; pièce rare et belle.

610. Du *même*. Anne, épouse de Henri VIII, d'ap. *Holbein*; très-belle pi. d'une grande rareté.

611. Du *même*. Portraits de Henri Ier., de la reine Catherine Cornora, d'ap. Palma; autre portrait, d'ap. *Halbein*. 5 pi.

612. Du *même*. Christine, reine de Suède; Henderson; Henri Van der Brocht, 5 pi.

615. Du *même*. Portrait de la princesse Marie, fille de Henri VIII; d'Adrien V. Venne et de Daniel Barbaro, d'ap. le Titien. 5 pi.

614. Du *même*. Portrait d'Arcolano, hermaphrodite, d'ap. le *Corrège*; de Bonaventure Péters, d'ap. *Myssenn*; la belle Laure, d'ap. *Palma*, et de Pierre Arétin, d'ap. le Titien. 4 pi.

615. Du *même*. Démocrite et Héraclite; une vieille, d'ap. Halbein, d'une grande beauté d'ép.; portrait de Monett, d'ap. le même, et le révérend père Gravarelle dans une bière; belle ép. 4 pi.

616. Du *même*. Suite de figures de femmes, représentant les quatre saisons; très-belles ép. 4 pi.

617. Du *même*. Suite de douze estampes représentant des navires.

618. *Du même.* Plans topographiques de Londres, Vienne, Sienne et autres villes. 12 pi. très-belles d'ép., quelques-unes rares.

619. *Du même.* Autre collection de douze navires.

619 *bis. Du même.* Divers paysages. 13 pi.

620. *Du même.* Les cathédrales d'Anvers et de Strasbourg; cette dernière faible d'ép. 2 pi.

621. *Du même.* Villes, ports, forteresses et paysages. 30 pi., 2 lots.

622. *Du même.* Monumens d'architecture moderne, d'ap. Elshémer; cerf et une figure d'Américain. 3 pi.

623. *Du même.* Animaux et plantes. 12 pi.

624. *Du même.* Papillons, insectes, scarabés et oiseaux. 12 pi.

625. *Du même.* Beaucoup de manchons de formes différentes, sur 7 feuilles; très-belles ép.

626. *Du même.* Collection d'études d'animaux, instrumens et armes pour la chasse, etc. 18 pi.

627.* M. RAIMBACH. La saisie et le jour du loyer, d'ap. Mr *Wilkie*; deux est. fraîchement encadrées.

628. STALKER. Abraham renvoyant Agar, et Esther devant Assuérus; deux très-belles est., d'ap. le *Guerchin.*

629. *Du même.* Chasteté de Joseph et Vénus bandant les yeux à l'Amour; deux belles est., d'ap. le *Guide* et le *Titien.*

630. *Du même.* Annonciation à la Vierge; apothéose d'un enfant, d'ap. le *Guide* et B. *West.* 2 pi. belles.

631. *Du même.* Sainte famille et les louanges à Dieu, d'ap. *C. Maratte.* 2 pi.

632. *Du même.* Bustes de Vierge et d'ange, d'ap. le *Guide.* 2 pi.

633. *Du même.* La vierge Marie embrassant le Christ et la Madeleine pénitente, d'ap. le *Guide* et le *Guerchin.*

634. *Du même.* Sainte Cécile, d'ap. *Raphaël*, et saint Jérôme, d'ap. le *Corrège.* 2 pi. très-brillantes d'ép.

635. Du *même.* Là Madeleine et Cléopâtre, d'ap. le *Guide.* 2 pi. très-belles.

636. Du *même.* La justice et la douceur, d'ap. *Raphaël.*

637. Du *même.* Romulus et Rémus ; César répudiant Pompéia, d'ap. *P. de Cortone ;* belles ép.

638. Du *même.* Bélisaire, d'ap. *S. Rosa ;* superbe ép.

639. Du *même.* La Cléopâtre et la Fortune ; deux belles est, d'ap. le *Guide.*

640. Du *même.* Vénus couchée et Danaé recevant Jupiter en pluie d'or, d'ap. le Titien ; 1res. et belles ép.

641. Du *même.* Cupidon appuyé contre un rocher et Cupidon couché, d'ap. *Schidone* et *C. Vanloo.* 2 très-belles pi. avec grande marge.

642. Du *même.* L'Amour endormi et la prière à l'Amour, d'ap. le Guide. 2 pi. belles ép.

643. Du *même.* La toilette de Vénus et le jugement d'Hercule, d'ap. le *Guide* et le *Poussin.*

644. Du *même.* Vénus et Adonis et la mort de Didon, d'ap. le Guerchin et le Titien. 2 pi.

645. La libéralité et la modestie, et Apollon couronnant le mérite, d'ap. le *Guide* et *Sacchi.* 2 pi., belles ép.

646. Du *même.* Charles Ier. suivi d'un écuyer qui tient son cheval, d'ap. *V. Dick.* Cette épreuve est très-belle, et facilement on la croirait avant la lettre ; mais nous devons prévenir qu'elle a été gratée.

647. Du *même.* Charles Ier. couvert du manteau royal, d'ap. *V. Dick ;* belle ép. et rare.

648. Du *même.* Les enfans de Charles Ier. et le retour à la ferme, d'ap. *V. Dick* et *Wouwermans.* 2 pi., belles ép.

649. Du *même.* Portraits de Sapho et de Raphaël, d'ap. *C. Dalci* et *Raphaël.*

650. Du *même.* Laomedon et la maîtresse du Parmesan tenant un enfant. 2 pi., d'ap. le *Parmesan* et *S. Rosa.*

651.* Woollett (W.). La mort du général Wolff ; très-

belle est. av. la l. et av. la seconde taille sur le bout
du soulier du général ; très-rare ép., dite au *pied blanc*.
Le combat de la Hogue ; belle ép. av. la l. 2 pi.

652.* *Du même*. Le traité de Penn en Amérique ; ép.
av. la l.

653. Études à l'eau-forte, par divers artistes de Londres ;
animaux, paysages et marines. 37 pi.

654. Études d'ap. *Rembrandt*, par *Worlige* ; 6 pièces,
quelques-unes de ses propres inventions ; 4 pièces
par *White*, et 2 pièces par *Earlom*, d'ap. *S. Rosa*.
12 pi.

655. Études de paysages et animaux gravés à l'eau-forte,
par Gandon, Sandby, Smith et autres. 24 pi.

656. Paysages, d'ap. *Obema, Poussin, Vernet* et autres ;
par Vivares, etc. 8 pi.

657. Paysages, par *Byne, Ellin* et autres. ————

658. Vue d'une forêt, hôtel de l'éléphant, chute du
Rhône, Selling-Rabbits, le tigre, paysan mettant le
feu aux mauvaises herbes, A Rural Feast, the Citizens
Retreat, l'ermite, le boxeur, la tempête, etc., etc. ;
quatorze belles gravures anglaises et coloriées. Ce numéro sera divisé.

659. Chasses, courses et caricatures anglaises. 24 pi.

LIVRES À FIGURES,
ET ESTAMPES EN RECUEILS.

660. Premier volume du cabinet du Roi, contenant des
estampes d'après les plus belles peintures anciennes et
d'après l'antique, parmi lesquelles on distingue la sainte
famille, d'ap. *Raphaël*, gravée par *Édelinck* ; ép. de
la plus grande beauté, avant les armes de Colbert, et
avec grande marge ; et Jésus à table avec les disciples
d'Émaü, estampes, dite *la nappe*, d'ap. le Titien, par

Masson ; très-belle et première ép. avant le trait échappé au-dessus du petit arbre : les autres estampes également belles ; in-fol. , maroquin rouge aux armes de France.

661. Autre volume du cabinet du Roi, contenant les fêtes données par la ville de Paris à l'occasion du mariage d'Élisabeth de France avec don Philippe, infant d'Espagne ; *même condition.*

662. Autre vol. d°., contenant les plaisirs de l'île enchantée, fêtes données à Versailles par Louis XIV, gravés par Silvestre et le Pautre ; *même condition.*

663. Autre vol. d°., représentation des fêtes données à Louis XV par la ville de Strasbourg, avec le portrait équestre de ce monarque, gravé par J. Wille. m. v.

664. Autre vol. d°., contenant les tapisseries du Roi, sur lesquelles sont représentés les quatre saisons et les quatre élémens, d'ap. *Lebrun*, par S. *Leclerc* ; *même condition.*

665. Autre vol. d°., contenant les fêtes et courses de bagues données par Louis XIV en 1662.

666. Galerie de Dusseldorff, petit in-fol.

667. Galerie de saint Bruno, d'ap. les peintures de le Sueur ; très-bel ouvrage en lithographie, publié par M. Laurent. 22 pi.

669. Quatorze pièces, faisant partie de la galerie du Palais-Royal ; trois sont av. la l.

670. Trente-cinq pièces de la galerie de Florence, bas-reliefs gravés à l'eau-forte, par *Duplessis-Berteaux*, auxquelles on a joint des frises représentant l'entrée de l'empereur Sigismond à Mantoue ; par Stella. 60 pi.

671. Douze pièces choisies de la galerie de Florence.

672. Collection de quarante-deux estampes, faisant partie du grand musée ; plusieurs sont gravées par Audouin, Pigeot et Ribaut ; beaucoup de paysages, etc. La plus grande partie de ces estampes sont avant la

lettre ou avant toutes lettres. Ce numéro sera divisé.

673. Quatre autres pièces du même ouvrage; ép. av. la l.

674. Galerie Farnèse, peinte par *An. Carrache*, et publiée par *le Blond*; 1 vol. in-fol. oblong.

675. La petite galerie du Louvre, d'ap. *le Brun*. Dans le même volume se trouve la description de la colonne élevée en l'honneur de Théodose, dessinée par *G. Blin*, et gravée par *Vallet* en 16 planches.

676. La colonne Trajane, gravée par *Gori*, Amsterdam, 1752. (Voy. *le Manuel du libraire*, v. 2, p. 109.)

677. Premier volume contenant quarante tableaux des guerres et massacres de la ligue. (*Voy*. le même ouvrage, v. 3, p. 140.)

678. Un volume contenant les peintures du palais Borghèse, représentant le conseil des dieux, et gravées par *Aquila*.

679. Un volume contenant les œuvres de *S. Rosa*, in-fol.

680. Un volume contenant l'œuvre de G. Lairesse, en 164 planches; grand in-fol.

681. Cabinet des beaux arts, par différens graveurs; in-fol. oblong.

682. Un grand vol. oblong contenant : l'histoire de Psyché, peinte par *Raphaël* dans la Farnésine, et gravée par *Dorigny*; la galerie Farnèse, peinte par *An. Carrache* et gravée par *Aquila*; le triomphe de J. César après la conquête des Gaules. 56 planches.

683. Theatrum Pictorium, Davidis Teniers, ou galerie de l'archiduc Guillaume d'Autriche, contenant 245 planches gravées par *Borel, Claussens, Vosterman, Hollar* et autres; bel exemplaire, petit in-fol.

684. Les loges de Raphaël, les voûtes complètes, de 1 à 13; les stucs, *idem* de 1 à 12; quelques feuilles des arabesques, coupe de la galerie, les deux portes et quatre grandes feuilles au trait de l'intérieur du Vatican, gravées par Volpato, Ottaviani et autres. 35 pi. belles ép.

685. Recueil de petites vues de l'ancienne Rome, gravées par *Piranesi*. 31 planches sur 17 feuilles.

686. Recueil de vues de Rome, trophées et ornemens,
gravés par Piranesi; très-belles ép. 76 feuilles, grand
et petit in-fol.

687. Plan topographique de la ville de Rome, en neuf
feuilles grand in-fol. et le texte explicatif; vue perspective de la même ville en douze feuilles; vue
perspective de la place et de l'église de Saint-Pierre;
en deux feuilles; paysages d'ap. Gaspre, Poussin, et
autres. 36 pi.

688. Amiranda Romanorum antiquitatum; petit in-fol.
oblong.

689. Statues de Rome, par *F. Perrier*. 100 planches;
manque le n°. 1.

690. Grand cabinet romain, ou recueil d'antiquités romaines, par de la *Chausse*; les plus beaux monumens
de Rome ancienne dessinés par *Barbault*. 128 planches
et texte; 2 vol.

691. Les plus beaux édifices de Rome, élevés par les
plus habiles architectes et dessinés par *Ferrerio*;
1 vol. oblong.

692. Les restes de l'ancienne Rome, dessinés et mesurés
par D'Overbeke; 3 vol. in-fol.

693. Un volume grand in-4°. oblong, contenant la fable
de Psyché, en 32 planches gravées par M. *Antoine* et
ses élèves, d'ap. *Raphaël*. Dans le même volume se
trouve l'histoire de Samson, en 40 planches, par *Audran*, *Poilly* et autres.

694. Un grand volume oblong contenant divers sujets de
l'Ancien-Testament, d'ap. *Castiglione*; la Passion, par
de vieux maîtres; les douze mois de l'année, d'ap.
Wildens; plusieurs beaux paysages, d'ap. Rubens,
gravés par Château, Mathan, Vosterman et autres.

696. Un volume contenant les costumes et portraits de quelques princes allemands.

697. Histoire des princes de Hollande, avec leurs portraits très-bien gravés par N. Vischer; bel exemplaire in-fol.

698. Le temple de la Gloire, avec portraits des reines et princesses de la maison d'Autriche qui ont porté le nom d'Anne; in-fol.

699. Portraits en pied des princes de Hollande, par Vosonero; belles ép.

700. Une livraison de la Henriade, contenant 2 sujets et 3 portraits lithographiés par MM. Mauzaisse et Vernet.

701. Un petit volume in-4°. contenant 10 sujets de l'histoire de Joseph, *fac-simile* des dessins de Rembrandt, par le comte de *Caylus*.

702. La fable de *Renier-le-Renard*, poëme allemand orné de 57 vignettes à l'eau-forte, décrites dans Bartsch, v. 3, p. 220; in-4°. cartonné avec l'année 1752.

703. Un volume contenant 136 sujets de saints, saintes, solitaires, ermites, etc., avec des quatrains manuscrits sur leur vie.

704. Théâtre des états du duc de Savoie, texte et planches. La Haye, 1700, 2 vol. in-fol.

705. Batailles gagnées par le prince Eugène de Savoie, avec fig. et portrait; in-fol., armes et filets.

706. Guerre des États-Unis de l'Amérique; recueil de 16 planches et texte.

707. Plans des villes de France, par *Tassin*; in-4°. oblong.

708. Emblèmes par Schobnoyen et autres, in-4°.; emblème par J. Frie-Léopold; petit in-4°.

709. Divers emblèmes, sujets, caprices, dessins d'orfévrerie, par *J. Vischer*, *Crispin de Paz*, *Leroy* et autres; 1 vol. oblong.

710. Deux volumes contenant environ 290 petites pièces, par des anciens graveurs anonymes, par les *petits maîtres Cor. Schuts* et autres.

711. Costumes et usages des différentes nations du Levant; 150 planches et texte in-fol.

712. Histoire de l'université d'Oxfort, monumens intérieurs et extérieurs, plan topographique, costumes, etc., avec texte en latin; in-fol.

719. Monumens élevés à la gloire de Louis XV, planches et texte, par *Patte*; in-fol.

720. Fontaines, frises maritimes, par *le Brun*; in-fol. L'art de l'orfévrerie, modèles de vases, candélabres, etc., par *Giardini*; 2 vol.

721. Grands prix d'architecture, 18 livraisons, 114 feuilles; plusieurs sont gâtées par l'humidité.

722. Modèle de machines, par Besoni; petit in-fol.

723. Le manége royal, par M. de Pluvinel, avec figures gravées par C. de Paz, et les portraits de Louis XIII et de Henri IV; bel exemplaire. Paris, 1624, petit in-fol. oblong.

724. Recueil de grands paysages, par *Perelle*; 90 pi.

725. Un cahier contenant 60 vues d'Italie, par *Silvestre* et *Perelle*.

726. Recueil de petits paysages et sujets, par le même; 132 pi.

727. Les cinq ordres d'architecture, Collection de nouveaux bâtimens, Monumens antiques des Deux-Siciles, Cérémonies des idolâtres, l'Alphabet mythologique, l'Histoire de Psyché, Principes de dessins, Préceptes de la peinture, Traité de la peinture, par *L. de Vinci*, etc., etc.; 26 vol. de différens formats, qui seront vendus en plusieurs lots.

727 *bis*. Degli Annali sacri della città di Como, raccolti dal *P. D. Luigi Tatti*. Milano, 1688, 4 vol. in-4e. br.

2 [illegible] 8

[illegible]

728. Dictionnaire des graveurs anciens et modernes, par *Basan*. 2 tom. en 1 vol. cart.

729. Catalogue des objets d'arts du cabinet Denon, par M. *Duchene* aîné.

730. Catalogues des cabinets Saint-Yves et Pallière, par *Lalande*, et celui des tableaux de Girodet, par M. *Pérignon*. 3 vol.

731. Les catalogues des cabinets Silvestre et Rigal, par *Lalande*. 2 vol.

732. Histoire numismatique des papes Martin V et Innocent XI, par du *Molinet*. Les médailles du règne de Louis XIV. in-4°.

733. Médailles du règne de Louis XIV, avec des notes historiques de l'académie des médailles. Imprimerie royale, 1712, in-fol.

734. Pierres gravées antiques, sur lesquelles les graveurs ont mis leurs noms, par Stosch. petit in-fol.

735. Bagues et pierres gravées égyptiennes, étrusques, romaines, etc., au nombre de 898, tirées du cabinet Corlée. 2 vol. in-4°., reliure soignée avec armes.

737. Les douze empereurs et impératrices gravés par *Sadeler*. 24 planches contenues dans 1 vol. petit in-fol.

738. Principes d'ornemens, par *Caillouet*. Petit in-fol.

739. Un porte-feuille contenant 70 pi., d'ap. Raphaël, Poussin, et autres; cartes géographiques, costumes, etc.

740. Un gros vol. in-fol. contenant du papier blanc, et trois autres même format dont les feuilles ont été coupées.

741. Porte-feuilles vides.

Mr. Fraille
rue Cadet n° 9

8   Mdle pion
4   Talma
     L'École de village par Jazet
6   un cadre verre noir
     3 autres petits cadres
─────
18.
15
─────
90
18
15   16. 30 — 8. 70 .. x.

             m volquto   15   60

1   Suite   des heur 8—